Amour malade

Des mêmes auteurs

Catherine Laborde

La douce joie d'être trompée, Anne Carrière, 2007.
Maria del Pilar, Anne Carrière, 2009.
Si tu ne m'aimes pas, je t'aime, avec Thomas Stern, Flammarion, 2010.
Les chagrins ont la vie dure, Flammarion, 2016.
Trembler, Plon, 2018.

Thomas Stern

Thésée ou la Puissance du spectre, Seghers, 1981.
Thomas et son ombre, Grasset, 2015.
Mes morts, Éditions de l'Éclat, 2019.

Catherine Laborde
et
Thomas Stern

Amour malade

PLON
www.plon.fr

92, avenue de France
75013 Paris
Tél. : 01 44 16 09 00
Fax : 01 44 16 09 01
www.plon.fr
www.lisez.com

Mise en pages : Facompo (Lisieux)
Dépôt légal : octobre 2020
ISBN : 978-2-259-30448-1

Avant-propos

Se parler librement

Lui

« Ce que nous avons fait n'est pas si ordinaire. Dans ce livre une femme et un homme se parlent librement... » Voilà ce que nous écrivions, il y a dix ans, en conclusion d'un livre à quatre mains, écrit ensemble.

Cette liberté de ton et de propos, nous la devions au fait que nous étions alors un couple enflammé par la furie sexuelle mais non encore formé, comme ces bouillons de lave surgis de l'Océan qui ne sont pas encore des îles. Nous formions un couple tangeant et tanguant, *a swinging couple*, et notre liberté était celle d'un attracteur chaotique à deux entrées.

Une telle liberté peut-elle encore nous être offerte aujourd'hui, alors qu'une nécessité meurtrière nous enserre dans ses anneaux étouffants, parce que tu es atteinte d'un mal incurable et qui va s'aggravant, avec moi à tes côtés qui t'aide comme je peux – et c'est loin d'être parfait –, parce que tu es à déambuler d'un pas de plus en plus hésitant dans cette vie que vivent les autres, tous ces gens qui n'ont pas à se coltiner un Parkinson, un tremblement quasi continuel de l'avant-bras droit, une démarche totalement privée d'assurance, des impatiences insupportables dans les jambes, des angoisses nocturnes quotidiennes qui te jettent hors du lit, des dérives cognitives qui te font oublier par rafales où, qui, avec qui et pourquoi tu es là, sans parler de ta difficulté à enfiler un chemisier quand, encore une fois, tu as tenté de mettre ta tête dans une manche ?

Pouvons-nous encore nous parler librement au cœur d'une telle asymétrie, entre toi et moi, des possibles ? Combien de liberté te reste-t-il en magasin, alors que tant de choses te deviennent impossibles ?

Combien m'en reste-t-il, à moi qui me vois engagé, sans vouloir ni pouvoir me dérober, à ton service ?

Peut-on encore parler d'union et se dire libres là où on ne peut pas, où on ne peut plus faire autrement ?

Il me semble que si nous parvenions, toi la malade et moi l'aidant, à nous distribuer quelques degrés de liberté, en sortant de nos rôles, pour retrouver l'égalité que procurent les mots qui s'échangent, nous ferions quelque chose d'inattendu, de rare, et peut-être d'un peu plus grand que nos vies.

Elle

Je te suis. Ou plutôt je marche à tes côtés. Nous écrirons ce livre pour nous remettre en marche. Quand le pouvoir d'écrire me revient, plus rien ne nous freine, plus rien ne nous arrête. Nous revoilà ensemble égaux et libres. Puisse cette grâce nous accompagner tout au long de ce livre et, si Dieu le veut, plus loin encore.

1

Aidant-aidée

Elle

Comment ai-je pu croire que le combat serait bénéfique ? Comment ai-je pu croire que je gagnerais cette bataille ! Et que j'y puiserais des forces nouvelles, inattendues, même ? Quelle sottise ! Qu'y a-t-il de beau dans ce qui m'arrive ?

Le diagnostic a été précisé : je suis passée de Parkinson à la maladie à corps de Lewy. Toujours des tremblements, mais un peu plus d'hallucinations. Il y a quelque temps, je me réjouissais de ce combat contre la maladie, je me croyais même capable de le gagner : je venais de prendre ma retraite, je me sentais forte, joyeuse. Pour la première fois de ma vie, je me pensais à ma place, j'étais prête au combat ; comme Jeanne d'Arc, comme un enfant, j'avais confiance. Je me réjouissais donc naïvement de cette bataille que je ne pourrais pas perdre.

Mais j'ai tout perdu. Depuis, tout s'est alourdi au fil des jours, des semaines et des mois, et la peur a surgi sans que je m'en rende compte, qui m'a tout pris, toutes mes armes ; elle était déjà là quand j'ai compris, mais il était trop tard ; je ne pouvais plus la chasser, elle était là. J'ai rencontré la peur immonde, celle qui conduit au désespoir dans des routes toutes tracées, au bord des gouffres auxquels on n'échappe pas. Alors je suis restée sur le bord du chemin, tremblotante et nue.

Cette peur m'empêche de dormir, me réveille la nuit, le jour, seule ou avec d'autres. Elle triche dans le jeu de la vie, et me laisse, m'abandonne, exsangue, poussière, dans la terreur de la solitude. Puis-je encore écrire ? Je tremble, ma main tremble, mes idées se brouillent, la peur est une maladie, la mort use nos vies et, dans ce cloaque desséchant, nous étouffe sous nos cris.

La peur, mon ennemie ; la peur qui nécrose la pensée, les mots, les mouvements ; qui fige tout, détruit tout. L'ennemi n'est pas la maladie mais la peur ; car je n'ose plus rien, je ne fais plus rien, je ne suis plus personne. La peur a pris toute la place. Il n'y a pas d'issue, il n'y a pas de courage… seulement la solitude de ma défaite et la conscience que je ne m'en sors pas.

Lui

Nos amis sont venus dîner et t'ont couverte de fleurs. L'ambiance est chaleureuse. Vers onze heures, après le dessert, tu prends congé, invoquant ta fatigue. Tout le monde, connaissant ta maladie, comprend et approuve. Tu salues et pars te coucher. Mais au lieu de te diriger vers la chambre, située au fond de l'appartement, tu ouvres la porte, toute proche de la grande table où nous dînons, qui donne sur le palier. Étonné, je pouffe :

— Mais Catherine qu'est-ce que tu fais !

Mal m'en prend ; je comprends que je viens d'attirer bruyamment l'attention générale sur toi. Un ange passe parmi les convives, brusquement confrontés à la réalité de ton mal, sous sa forme chaplinesque, car, pour tragique que soit ton état, il s'agit bien d'un gag du type « J'ouvre la porte, mais il y a un mur derrière », à l'instar de ceux qu'affectionnait Charlot.

Pour détendre l'atmosphère et t'épargner les rires, je lance :

— Ça m'arrive aussi quand je suis bourré !

Amour malade

Tout le monde rit. De moi et non de toi.

Moi aussi je ris avec les rieurs, soulagé. D'un rire pincé par la tristesse.

Elle

Ah ? Tu changes la réalité ? À moi de la retrouver, comme toujours. Oui, c'est un dîner à la maison. Oui, la soirée se termine, à la lueur des bougies, dans une douce torpeur un peu alcoolisée.

Mais quand je me lève tout le monde se lève en même temps que moi. Je distribue les baisers, les serments d'amitié et je me dirige vers la porte d'entrée. Je l'ouvre au moment où tu t'exclames :

— Catherine qu'est-ce que tu fais ?

En effet, j'ai ouvert la porte qui mène sur le palier vers la sortie.

Qu'est-ce que je fais ? Je m'en vais, bien sûr ! Oui, mais je suis chez moi. Je vois mes amis interloqués. Et j'éclate de rire.

Je prends congé et m'éloigne vers ma chambre. La porte refermée, j'éclate en sanglots et m'effondre sur mon lit. Pas longtemps. Pourquoi montrer du désespoir alors que je n'ai pour cette maladie que mépris et défiance ?

— On compte sur toi, me hurles-tu en tentant de me ramener auprès des convives qui prennent congé.

Qui « on » ? Sûrement pas moi qui souffre à chaque mot, à chaque parole venue de toi.

Lui

À qui parles-tu quand tu soliloques au fond de ton puits de douleur ? À ton cher public d'autrefois ? À tes lecteurs ? À Dieu ? À coup sûr, pas à moi.

Depuis que tu es malade, tu te débats pour ne pas te noyer, et moi, à tes côtés, qui te vois tantôt stuporeuse et divagante, tantôt terrifiée par la lumière trop crue d'une lucidité apeurée, je reste à bord du bateau d'où tu es tombée dans l'eau noire. Et j'ai beau t'assurer à cor et à cri de ma présence, le navire s'éloigne sans espoir de retour.

Je suis là, pourtant ; je ne fais même presque que ça : être là. J'assure et je rassure. Tu as la chance d'être tombée sur un homme-femme au foyer. Les courses, les repas au quotidien, le contrôle des prises de médicaments, la présence rassurante au réveil des cauchemars, l'aide à l'habillement en attendant celle à la toilette c'est pour moi, et ça ne me semble pas, pour l'instant, au-dessus de mes forces. Je n'ai pas l'impression de mutiler mon identité, voire de la perdre – même s'il m'arrive parfois de hurler intérieurement comme un loup enchaîné – en devenant prioritairement ton aidant, pour reprendre le mot qui, faute de mieux, désigne ceux qui se mettent au service de quelqu'un en perte d'autonomie sans chercher à savoir s'ils agissent par amour ou par devoir.

Au contraire, il me semble que dans ce rôle je suis enfin à une place que je n'ai jamais su tenir avec personne, ni comme compagnon, ni comme amant ni comme ami ni comme père, ni comme époux. Il me semble que, pour la première fois de ma vie, je sers à quelque chose.

Mais à peine me suis-je découvert indispensable – et presque heureux de l'être – que je te vois t'éloigner et descendre, sans espoir de retour, vers le vide obscur tapi au fond de toi.

Voilà pourquoi il m'importe de reprendre langue avec toi et de nous mettre, par la force d'attraction des mots, en orbite l'un autour de l'autre. Car je ne peux, sans frémir, te regarder t'approcher seule – pour t'y perdre – du trou noir qui aspire nos vies.

Elle

Dans un livre précédent j'avais décidé de ne pas nommer la maladie, ou plutôt de la nommer différemment chaque fois que j'aurais à parler d'elle.

Ce n'est pas exactement ce qui est en train de se passer. Cette fois, je ne peux la nommer. Mais ce n'est pas une défaite, juste une mise à distance qui nous permet de supporter, toi et moi, un quotidien presque banal malgré sa présence.

Je vois bien que ce quotidien est beaucoup plus difficile à vivre pour toi que pour moi. Tu le dis, d'ailleurs, dès ces premières pages. Tes journées sont ponctuées d'angoisse, d'inquiétude, bien plus que les miennes ; nous étions deux : toi et moi ; nous voici désormais trois : toi, moi et cette foutue maladie dont je ne sais plus le nom mais qui prend une place terrible entre nous, une place épouvantable, même.

Lui

Ta maladie ferait de toi une autre ? Une créature supplémentaire qui viendrait s'immiscer entre nous et vivre d'une existence propre ? Nous n'en sommes pas encore là. Aujourd'hui, je suis encore moi pour toi et toi aussi, malade ou pas, tu es toi pour moi. Voilà la différence entre un aidant et un soignant, tout persuadé soit-il que « le malade est une personne ». Là où le soignant voit dans le malade l'incarnation en chair et en os d'une maladie qu'il sait identifier, l'aidant, lui, voit un individu unique qui ne ressemble qu'à lui-même. Et cet individu, il veut continuer à le voir malgré la maladie et les déformations qu'elle impose.

Tel est l'entêtement amoureux de l'aidant. Il est plus tenace que tous les symptômes, toutes les souffrances, endurées par l'aidé.

Je ne veux pas que tu t'en ailles. Je ne veux pas te perdre, je ne veux pas que tu te perdes. Je ne peux pas vivre sans toi. Comment pourrais-je vivre avec toi si, pour toi, tu n'es plus toi ?

Elle

« L'entêtement amoureux », écris-tu. Cette déclaration d'amour me bouleverse. Tu effaces la représentation de la maladie, tu reviens obstinément à nous deux, au couple inaltérable. Ainsi tu réaffirmes la validité de notre couple. Et si tu ne peux vivre sans moi, que ferais-je, moi, sans toi ? D'autant que je suis supposée être celle qui, de nous deux, disparaît la première. Amour ou pas, notre couple est condamné à s'effacer, restera un seul. Il n'y aura plus de couple, il n'y aura plus rien. Tu sens pourtant combien, malgré la douleur de la maladie, quelque chose de léger flotte autour de nous. Le couple nous protège-t-il du malheur ou, au contraire, l'accélère-t-il ?

Lui

Je veux croire à la pérennité de notre couple. Et je vois en même temps s'y jouer le drame de sa destruction. Sommes-nous encore capables d'avancer ensemble dans la même direction ? Et, d'ailleurs, à quoi ça m'avancerait d'avancer ? Je me mets à douter de l'intérêt de la marche en avant, où toute vie se propulse. Car on ne vit qu'en évoluant dans une meute où s'accumulent au fil du temps parents enfants amis amants, relations et contacts, traîtres et fidèles, malveillants et bienveillants. Le territoire de l'homme – cet animal migrant – est dans le temps comme dans l'espace.

Or, toi, l'aller, l'allant, l'allure, ça n'est plus ton sujet. Tu marches comme tu parles, avec peine, trébuchant sur les mots comme sur les pavés. Tu vis dans la crainte simultanée des phrases et des escaliers roulants, craignant, dans un cas comme dans l'autre, que la mécanique ne s'emballe ou ne s'enraye. Je t'accompagne dans le double vertige que t'imposent marche et langage, te soutenant d'un bras ou d'une formule, tantôt chevalier servant, tantôt souffleur dans ton théâtre.

Mais à force d'épouser, dans un pas de deux ininterrompu, ton ralentissement, je m'accoutume à la lenteur, à tes temps morts, et j'oublie que le tempo de la vie se joue en ruptures, accélération, contretemps, qu'il faut y être rapide et imprévu comme un batteur de jazz.

Quand je reviens au milieu des autres, ceux qui sont pris dans la déambulation dynamique de la vie, je ne puis m'empêcher de penser qu'ils forment les détachements d'une immense cohorte qui s'éloigne à la hâte, cohorte où j'ai perdu ma place.

Elle

Puis-je parler ici de ta colère ? Et contre qui se réveille-t-elle ? Nous volons là-haut dans des montagnes d'amour et de roucoulades quand, dans la minute d'après, tu me traînes plus bas que terre. Je n'entends plus rien, je suis désespérée.

Je ne veux pas que tu lises mon texte. Il est trop pauvre. Dans ce contexte d'étouffement où le rire l'emporte mais pas toujours, je ressens à quel point je me dois à moi-même d'abord.

Je renonce parfois, j'ai la sensation que tu subis plus que moi la violence de ma maladie parce que tu ne peux rien pour moi. Aucun moyen de la comprendre, de l'annihiler. Je suis clouée au crucifix de l'amour.

Lui

Et moi, je ne souffre pas ? Mes angoisses, mon désarroi, ma déroute, ça compte pour du beurre ? Ah oui, j'oubliais, je suis l'aidant et toi l'aidée. Je suis là pour te soutenir avec une patience inébranlable, en affichant vingt-quatre heures sur vingt-quatre le sourire bienveillant qu'arbore dans ses bons jours le personnel hospitalier. Je ne suis pas là pour me faire plaindre, mais uniquement pour encaisser les chocs et rassurer alentour sur ton état :

« Comment va Catherine ? Mais si, elle va bien, beaucoup mieux, et elle vous remercie de l'intérêt que vous lui témoignez. »

Quand des brancardiers ramènent avec succès un blessé, personne ne se demande si l'un d'entre eux ne s'est pas, durant le trajet, démis l'épaule tant la charge était lourde, n'est-ce pas ? D'autant que je ne suis pas célèbre, moi. Mon malheur n'est pas télévisuel, personne ne m'invite, comme on t'a invitée pour *Trembler*, à parler encore et encore de tes souffrances et du courage talentueux qu'il te fallait pour les décrire !

Mon courage à moi, tout le monde s'en fout ! Je suis hors champ, perdu loin des images, dans la grande muette, l'armée des ombres que nous croisons chaque jour sans la voir. Celle des dix millions d'aidants qui endurent en silence, le père qui perd la boule, l'épouse qui ne reconnaît plus personne, l'enfant qui ne peut plus ni marcher ni parler ni penser.

Nous sommes dix millions à ne jamais nous plaindre. Tu te rends compte : dix millions. Il y a dans ce pays, où l'on ne peut plus se faire entendre si on n'est pas la victime de quelque chose ou de quelqu'un, dix millions d'hommes et de femmes qui conjuguent en même temps le courage et le silence.

Elle

À l'opposé de la douleur et de la plainte, la maladie m'indique un chemin beaucoup plus réjouissant. Pour cela, j'ai besoin que tu me remettes, chaque fois que la tristesse vient spolier notre destin, que tu me remettes, dis-je, dans la joie ; oui, j'ai besoin que tu traces, pour moi, avec toi une route heureuse. J'ai découvert à travers ses méandres – même si elles sont cachées – les gaietés de la vie.

Jusqu'à présent, elles ne se manifestaient que sous la forme de l'extase tranquille, dormante comme l'eau d'un bassin. Aujourd'hui, sous les odeurs, les couleurs, les goûts exprimés par le corps, je pressens presque à chaque moment cette vibration heureuse portée par l'éblouissement de l'existence.

Désormais, l'enthousiasme a sa place dans ce livre. Un enthousiasme progressif et lent ou rapide et joyeux. Certains le vivent comme toi au saut du lit, d'autres de manière langoureuse. Mais peu importe la manière. Ce qui compte, c'est ce chemin inexploré ou déjà tracé par d'autres. Ces « autres », ce sont les artistes, bien sûr, et quant à moi je vais à la rencontre de la littérature. Ils écrivent pour moi seule. Nous nous sommes toi et moi rencontrés dans les délices des mots, et j'aime que tu y trouves toujours ta place.

Lui

Chaque moment de paix heureuse que je te donne est une victoire de la joie sur le chaos et l'affliction : joie de te voir nager, dans la fraîcheur salvatrice de l'Océan cet été ; joie de te faire danser l'autre jour, à la fin d'une soirée chaleureuse ; joie de te voir redevenue adorable comme tu sais l'être, quand tu veux plaire ; joie de te voir radoter de bonheur sur Skype devant les vagissements de ton petit-fils ; joie de te préparer des petits pois aux blettes et au foie gras que tu dévores avec appétit.

Elle

Il faut bien que je dise qui tu es dans notre livre à deux voix. Tu te plains (mais c'est pour rire) de ne pas être une célébrité. Alors que moi je suis la vedette de notre histoire. Enfin, c'est ce que tu te racontes, ce que tu inventes avec délectation. En me nommant vedette, je le deviens. Je sens cette dualité entre nous : je serais donc celle qui s'expose aux projecteurs et toi un pauvre second rôle, mon « majordome », comme tu aimes le dire, l'écrire. Eh bien, non ! Je refuse le rôle. Écrivain, je veux bien, mais dans le premier cercle : les mots, les lettres de ce texte ne m'appartiennent pas. Je suis écrivain et analphabète de l'amour. Oui, parce que l'amour tient encore la première place.

2

Un mariage d'amour

Lui

C'est toi ou moi ? Qui a demandé l'autre en mariage ? Je ne me souviens plus très bien…

Elle

Quatre fois tu m'as demandé de t'épouser. Quatre fois mon cœur s'est mis à battre trop fort. Quatre fois tu as oublié.

Lui

Mais, finalement, la cinquième fois a été la bonne, non ?

Elle

Je ne sais pas ce que tu veux dire par « la bonne » ?

Lui

Je veux dire que, cette fois-là, je n'ai pas oublié que je voulais t'épouser.

Elle

Est-ce toi ou moi ? Qui oublie ce qui se passe dans notre histoire et comment nous la façonnons, l'un comme l'autre, chacun à notre image ?

Lui

J'ai même fait un régime un mois avant la date prévue pour apparaître, le jour de la cérémonie, au mieux de ma forme dans mon beau costume de vice-président.

Elle

Ça m'a beaucoup touchée que tu entreprennes un régime, que tu veuilles être beau pour moi, pour nous deux.

Lui

De fait, je le vois sur les photos : devenu plus mince, j'ai l'air encore plus vieux. L'embonpoint, ça me donne un air plus jovial, plus juvénile.

Elle

Tu avais l'air si heureux qu'on se marie, je n'en revenais pas. Je n'en suis d'ailleurs toujours pas revenue.

Lui

Moi non plus !

Elle

Tout change après ce jour merveilleux de novembre : je suis opérée de la hanche au printemps suivant et ma maladie se déclare à l'automne. On s'était pourtant mariés pour le meilleur, pas pour le pire.

Lui

C'est vrai que si l'on se marie tous « pour le meilleur et pour le pire », on ne retient, au moment de dire oui, que le meilleur de la formule consacrée et on oublie le pire. C'est vrai aussi que le pire s'est abondamment rappelé à notre souvenir, au cours des sept ans qui nous séparent de ce 9 novembre 2014, date à laquelle nous nous sommes unis devant monsieur le maire.

Mais j'y reviendrai parce que c'est important, ça ne nous a pas privés du meilleur. Les sept ans écoulés n'ont pas été pour moi uniquement sept ans de malheur, ce n'est pas ainsi que je les vois.

Elle

Je ne suis pas sûre que tu sois sincère.

Lui

Tu as tort de te méfier de moi. J'ai la sincérité des pécheurs convertis. La seule vraiment solide. Elle n'a pas la fragilité versatile des convictions naïves. Elle tire sa force du pouvoir de renier ce qu'on a été, pour se convertir à autre chose.

Elle

Et à quoi t'es-tu converti, toi ?

Lui

À toi. Je me suis converti à toi.

Elle

Waouh ! C'est beau ! On dirait un poème d'Aragon chanté par Jean Ferrat.

Lui

Ne te moque pas. C'est exactement ce que j'ai fait dans cette salle des mariages de la mairie du 2ᵉ arrondissement où planait une odeur civique mêlant les effluves de l'encaustique du plancher à celles des sueurs, haleines, parfums et after-shave de tant et tant d'unions successives.

Un officiant laïque, ceint d'une écharpe tricolore, m'a sobrement rappelé que « les époux se doivent mutuellement respect, fidélité, secours, assistance » (code civil, article 212), et je suis – moi l'irrespectueux, l'infidèle, l'indifférent total aux malheurs d'autrui, l'affamé uniquement de son bon plaisir, et toujours prompt à aller le chercher ailleurs – tombé, comme saint Paul sur la route de Damas, de la monture hagarde de mes désirs dispersés, pour me convertir à toi.

Elle

J'imaginais la journée de mariage comme un pensum. Résignation, donc, et c'est tout le contraire qui s'est passé. Tout était léger, un peu brumeux, très calme. C'est drôle qu'on se souvienne si bien du temps qu'il faisait dans les circonstances les plus importantes de nos vies : chaleur écrasante pour l'enterrement de ma mère. On avait assis mon père sur un pliant à l'ombre d'un églantier qui déversait ses quintaux de fleurs roses au bord de la tombe. Il était là comme hébété, fasciné par ce trou noir où il pourrait tomber pour y retrouver sa femme. Et l'effroi annihilait ce grand désir d'être auprès d'elle.

Il faisait encore plus chaud pour son enterrement à lui, ponctué de quelques averses pour ne pas désespérer de tout.

Le 9 novembre 2014, malgré les averses, malgré la fraîcheur, malgré le vent du nord, le temps était parfait pour notre beau mariage. Ma robe était trop courte et mes talons trop hauts, mais aucun sourire de trop sur tous les visages.

Que s'est-il passé pour toi ? Quand je vois ton regard si rieur, si heureux, je suis heureuse moi aussi pour toi et pour moi. Est-ce que toi tu te souviens du temps qu'il faisait ? Ce jour-là ? Et te sentais-tu bien de cette fête ?

Et pourquoi avoir tant tardé avant de nous unir devant la République ?

J'y tenais, pourtant, et plusieurs fois j'ai tenté de te persuader. À genoux même. Position humiliante. Tu faisais comme si de rien n'était et moi de même. Mais ce jour-là, ce jour du mariage, tu ne t'es pas détourné, tu m'as choisie. J'étais l'Élue ! Enfin ! Alléluia !

Nous fûmes unis par un représentant de la loi qui avait l'air d'avoir fumé un joint tandis que le greffier balançait sa chevelure grasse et noire sur son écritoire. Devant tant de sollicitude nous sommes tous gorge serrée. Quelques secondes d'émotion… Et puis ne reste plus qu'à applaudir.

Le rituel est le même pour les comédiens. Tous attendent le cercueil de l'ami mort sur les marches de l'église Saint-Roch à Paris et ils applaudissent quand il apparaît.

Pourquoi est-ce que je reviens toujours à la mort ?

Lui

Sans doute parce que notre marche nuptiale a pris, au fil du temps, les tonalités d'une marche funèbre.

Elle

Mais je n'en veux pas, moi, de cette mort qui s'annonce. Depuis notre mariage, elle est là, son souffle immonde frissonne dans mon corps. Surtout quand je ne l'attends pas. Je joue avec elle comme avec des montagnes russes à la fête foraine : quand je vais bien je me sens portée par un nuage de douceur, je rêve aux peintures de Tiepolo. Et soudain, la terreur chasse le bonheur ; je guette les mouettes qui remontent le long de la Seine vers des bords de mer plus cléments. Pourquoi n'ai-je pas le pouvoir, moi, de remonter avec les oiseaux ? Pourquoi j'habite une solitude glacée dont je ne peux me débarrasser ?

Et puis, peu à peu, quelque chose se déchire à nouveau, on dirait que le ciel s'éclaircit, que la lumière pénètre les humains et leurs maisons. Les oiseaux sont les premiers témoins de ce bouleversement de joie, de contentement, de bonheur. La peur et ses monstres s'éloignent, la terreur se dissipe, tu reviens, je te retrouve ; tu es un prince.

Amour malade

Oui, le prince est de retour ; et dans ce va-et-vient, je m'abandonne au plaisir qui m'envahit comme les petits oiseaux roucoulent de joie. Crois-tu que la peur accompagne les nuages et la couleur d'un temps ? Après trente années à la météo, je suis prête à le croire. Ça te fait sourire – moi de même. Nous savons que cette maladie se manifeste dans un mouvement d'alternance. Ainsi, comme l'écrit la comtesse de Ségur : « Après la pluie, le beau temps. » On peut désespérer de ces brusques changements, on peut, à l'opposé, s'en réjouir. Tout dépend si l'on considère la bouteille à moitié pleine ou à moitié vide. La comtesse de Ségur buvait-elle beaucoup ? Là est la question, sans doute, et la réponse au fond du verre. Qu'en dis-tu, mon prince ?

Lui

J'ai découvert l'autre jour, au Musée Zadkine à Paris, une gravure sur bois d'Edvard Munch qui m'a semblé avoir été créée pour nous. Elle s'intitule *Vers la forêt* : on y voit un couple, de dos, qui avance, enlacé, vers des ténèbres où luisent, comme des éclairs fugitifs, des arbres sans feuilles. Tout est noir dans cette image nocturne, hormis le corps dénudé de la jeune femme sur lequel serpente l'encre d'étranges tatouages végétaux.

Je pense que nous sommes comme ce couple, voués à marcher d'un pas hésitant vers une nuit croissante, n'ayant pour nous soutenir que l'un et l'autre. Il nous faut entrer dans la forêt nocturne pour faire luire, comme luit le corps dénudé de la femme dans la gravure de Munch, l'espoir sous son éclairage le plus faible, sous sa plus faible lueur. L'espoir qui naît des étreintes, dans la nuit amoureuse.

Bien sûr, quand je t'ai demandée en mariage, j'ai ajouté :

— Essayons d'être heureux ensemble.

Je te devais cette parole de circonstance, qui recélait au fond d'elle-même une part de vérité : nous avions appris – à force de nous quitter, pendant presque vingt ans pour mieux nous faire jouir dans de répétitives retrouvailles – que nous ne pouvions vivre l'un sans l'autre, que nous étions faits l'un pour l'autre, que nous étions deux pour nous unir, et ne faire qu'un.

Cette loi – loi de la jouissance et du désir – s'apprend dans les étreintes de la nuit amoureuse, là où plus personne ne sait qui est qui, là où le bonheur et l'effroi sont jumeaux dans l'extase. Elle n'est pas celle qui règle le confort douillet des époux, prélude au nid qu'ils construisent pour se reproduire.

Nous avons offert à nos amis, venus nombreux, un mariage presque parodique. Je n'oublierai jamais l'éclat de rire général qu'a suscité dans l'assistance mon « aïe ! » quand tu as essayé de faire avancer en force l'alliance vers la dernière phalange de mon annulaire boudiné.

Ce moment de comédie improvisé où je jouais, aux yeux de tous, l'enterrement de la vie de garçon d'un infidèle professionnel avait un autre but que celui de faire rire.

Il nous permettait de dissimuler ce que toi et moi seuls pouvions savoir : qu'avant d'être unis par les liens du mariage nous l'avions été par ceux de la chair et des folies qu'elle engendre.

Et que nous y avions trouvé le raccord entre nos âmes et nos corps.

Elle

Quand je t'ai vu pour la première fois – mon Dieu, c'est il y a si longtemps –, j'ai pensé : ce mec est homo. J'ai changé d'avis en regardant le col de ton tee-shirt. Il était blanc et juste au-dessous de ta gorge. Là où il y a la pomme d'Adam. Elle était très sexy, ta pomme d'Adam.

3

Ai-je passé le temps d'aimer ?

Elle

La Fontaine : « Ai-je passé le temps d'aimer ? »

Ce vers clôt la plus belle fable de La Fontaine, *Les Deux Pigeons* ; un La Fontaine vieillissant qui se soumet avec douleur aux exigences du temps qui passe. Pourtant, hormis cette phrase, il ne revient jamais sur le malheur de vieillir et la lente décrépitude qui l'accompagne. Il gagne contre le temps qui passe, et les vers qu'il produit à ce moment de sa vie sont sans doute les plus beaux ; des vers légers qui consolent des ravages du temps auxquels ni toi ni moi n'échappons, mon amour. Et je te chanterai des fables encore et encore et encore... dans cette langue magnifique dont je voudrais qu'elle s'installe tout au long de ce livre pour en chasser – qui sait ? – la maladie.

Ah ! si mon cœur osait encore se renflammer !
Ne sentirai-je plus de charme qui m'arrête ?
Ai-je passé le temps d'aimer ?

Amour malade

Que nous raconte-t-il, le vieux poète, dans la solitude de son bestiaire ? Les derniers vers de cette ode à l'amour vieillissant s'achèvent par des points d'interrogation... Quel est le plus fort ? L'amour ou la vieillesse ?

Lui

De toutes les fables de La Fontaine, c'est *Les Deux Pigeons* que j'ai toujours aimé t'entendre me roucouler à l'oreille. De ta voix sensuelle et enfantine qui aurait pu me rendre pédophile de toi, si tu n'avais pas eu la soixantaine passée.

« Deux pigeons, me récitais-tu, s'aimaient d'amour tendre. » *Love me tender, love me sweet, never let me go*... L'amour – pensais-je en t'écoutant –, pour durer, s'infuse en tendresse dans le temps, comme le thé dans la tasse.

Cette tendresse nous enrobe depuis longtemps d'une brume bienfaisante qui nous masque l'un à l'autre ce que nous sommes, de mois en mois, devenus. Parfois, elle se dissipe et j'en vois surgir avec effroi deux vieux, enfermés dans un appartement dont l'un lambine d'un pas hésitant, pendant que l'autre ronchonne dans l'exercice de ses petites manies culinaires, vestimentaires, domestiques.

Dans la vieillesse on s'approche d'un point d'arrivée d'où il n'y aura plus de point de départ. Difficile d'échapper au sentiment de déjà trop vu que nous inflige ce qui autour de nous s'est usé, à force de devenir coutumier (meubles, plantes, ustensiles, fringues, conversations...).

Comme au détour d'un fleuve en crue où s'accumulent les débris qu'il charrie dans son cours, l'ensemble de notre vie s'entasse dans un recoin désespérant, amoncellement chaotique de choses qui furent autrefois témoins de nos désirs, de nos espérances, portes qui ne s'ouvrent sur aucun avenir, seulement sur des souvenirs.

Qui n'a pas senti peser sur ses épaules sa vie passée de tout son poids de chose morte ne peut comprendre pourquoi Jean de La Fontaine vient en personne prendre la parole et conclure la fable des *Deux Pigeons*. Jusqu'à son bref monologue final, nos deux tourtereaux sont les héros de la fable qui nous conte, à la manière des cartes du tendre chères aux Précieuses, leurs amours tourmentées par la séparation, puis leurs retrouvailles.

Mais il y a une question qu'on ne peut se poser que soi à soi-même. Elle occupe de toute sa puissance tragique le dernier vers de la fable :

« Ai-je passé le temps d'aimer ? »

Manière de dire – comme Romain Gary dans *Au-delà de cette limite votre ticket n'est plus valable* – qu'on ne va pas se raconter d'histoires même si on vient de raconter en vers la plus belle histoire d'amour ? Manière de dire aussi que se raconter, à deux, une histoire d'amour ça va un temps, jusqu'à ce qu'il passe ? Ah oui, j'oubliais les pilules qui font aimer – parce que bander – toujours. Mais permettent-elles de se raconter les histoires qui font croire à l'amour ?

Nous n'en étions pas à nous poser ce type de question, il y a six ans quand je me suis aperçu que ta main droite tremblait trop souvent. À l'époque je te suggère de consulter. Nous nous retrouvons dans l'étrange cabinet-appartement du docteur C. Son bureau trône au milieu d'un bric-à-brac expressionniste où les empilements de vieilles valises côtoient des collections de casse-tête polynésiens ou africains. L'endroit me plaît aussitôt ; j'adore voir se confondre l'ange du foyer et celui du bizarre. Quel mal te guette, mon amour roucoulant ? La tremblante du pigeon ? Le docteur C. conclut à un début de Parkinson, établit un plan de traitement, se veut rassurant, évoque un pilote qui, atteint du même mal, continue à faire voler un A380.

Quelques semaines plus tard, tu réagis de manière ultra-violente à un neuroleptique qu'il te prescrit. Je dois te conduire aux urgences dans un état de confusion et d'agitation totales, et il modifie son diagnostic. Des examens poussés lui donnent raison : tu es atteinte de la maladie à corps de Lewy, qu'on baptisait jusqu'à peu d'un nom que n'aurait pas désavoué Stephen King : démence à corps de Lewy. C'est un mal neurodégénératif qu'il est plus politiquement correct de qualifier de

« neuroévolutif » quoiqu'il n'existe, à ce jour, aucun traitement qui permette d'impulser une évolution favorable.

Ce que j'apprends de cette maladie n'a rien de rassurant : aux symptômes parkinsoniens – tremblements, jambes sans repos, perte d'équilibre, difficultés à marcher – s'ajoutent quelques autres cavaliers de l'Apocalypse – hallucinations, troubles du langage et de la mémoire, cauchemars déclencheurs d'actions somnambules, états dépressifs et paranoïdes, troubles de la reconnaissance du proche, époux, parent, enfant, perçu comme un sosie maléfique.

C'est ce symptôme qui m'inquiète le plus : on ne peut s'aimer sans se reconnaître ; peut-être même qu'aimer n'est que se reconnaître, s'émerveiller du retour d'une mystérieuse re-connaissance, comme le connaître de Platon qui n'est que se souvenir.

Mais, mon amour, si tu oublies qui je suis ? Si tu me perçois comme un double de moi qui te veut du mal ? Alors la clé de voûte de l'amour tomberait et tout s'effondrerait – que je t'aime n'y changerait rien. Quel drame si tu ne savais plus ce que m'aimer veut dire. Que peut-on encore être l'un pour l'autre, quand l'un ne sait plus ni qui il est, ni qui est l'autre ?

Devant la mort qui un jour va les séparer, les amants sont nombreux à rêver que leur amour sera plus fort et qu'ils s'y retrouveront rejoints, réunis.

Mais si le néant fait irruption au cœur de leur vie sans que ni l'un ni l'autre ait disparu ?

Les psychologues parlent d'un deuil blanc, comme pour dire qu'on accepte d'avoir perdu celui ou celle qui, pourtant, est encore là. En somme, on s'en arrange, comme on s'accoutume du deuil amoureux lorsque l'autre vous a quitté parce qu'il ne vous aimait plus. Mais si on ne s'en arrange pas ?

Pour ajouter à mon angoisse, j'ai vu, avant que le docteur C. nous ait informés de la nature de ton mal, *Amour* de Michael Haneke*. Dans ce film, ils sont vieux ; ils s'aiment ; elle perd la tête ; il assiste sans frémir à sa déchéance jusqu'au jour où il la tue et disparaît on ne sait où ni comment.

Ce film me bouleverse : il dit, sur le ton d'une tragédie froide, qu'il n'y a aucun arrangement possible entre l'amour et la mort – du moins pour ceux qui ne croient pas en Dieu – et qu'il faut accepter son triomphe. Simone de Beauvoir, qui ne croyait pas non plus en Dieu, a fait des dernières années de la vie de Sartre le sujet de son livre *La Cérémonie des adieux*. J'y trouve trois belles phrases, les dernières :

« Sa mort nous sépare. Ma mort ne nous réunira pas. C'est ainsi ; il est déjà beau que nos vies aient pu si longtemps s'accorder. »

Là non plus, pas d'arrangement.

---

* Un film sorti en 2012, avec Jean-Louis Trintignant et Emmanuelle Riva dans les rôles principaux.

Amants, heureux amants, voulez-vous voyager ?
Que ce soit aux rives prochaines.
Soyez-vous l'un à l'autre un monde toujours beau,
Toujours divers, toujours nouveau ;
Tenez-vous lieu de tout, comptez pour rien le reste.

Combien de temps encore allons-nous pouvoir faire nôtre la tendre recommandation de La Fontaine aux amants, dans *Les Deux pigeons* ? Combien de temps avant que, pour nous, le temps d'aimer soit passé ?

Contre le piège que nous tend l'adversité, contre les filets, les coups de fronde et de bec que la maladie nous impose – comme le destin au pigeon voyageur de la fable – nous choisissons, nous aussi, de nous débattre afin de rester en vie l'un pour l'autre et de monter, ensemble, un seul-en-scène où tu réciterais douze fables de La Fontaine.

Tu as été formée au métier de comédienne, je ne connais rien à la scène, ni à la production théâtrale ; qu'importe. Je veux avant tout me lancer avec toi – comme pour ce livre – dans une aventure commune. Je n'en doute pas : nous rencontrerons, chemin faisant, ceux qui nous aideront à la mener à bien. Je casse ma tirelire : nous recrutons un musicien puis un metteur en scène. En six mois le spectacle trouve sa forme définitive et nous le présentons au Théâtre du Ranelagh puis au Festival d'Avignon en off.

C'est moi qui tremblais. Pour toi. J'avais peur que tu butes sur le texte – tu avais tout appris par cœur –, la mise en scène, j'avais peur des trous et des embûches que tu avais toi-même choisi d'affronter. Et ce fut le miracle : jamais tu ne t'es plantée. Chaque fois que tu montais sur scène, je te soutenais en secret, dans le noir de la salle. Et quand j'applaudissais, ça n'était pas seulement pour louer ton talent, mais ta guérison.

En terminant la récitation des *Deux Pigeons*, tu te retrouvais seule au fond de la scène, plongée dans l'obscurité à te demander dans un cercle de lumière :

— « Ai-je passé le temps d'aimer ? »

Je me disais alors silencieusement, enthousiaste : « Non, bien sûr, la maladie n'aura raison ni de toi ni de moi, ni de notre amour. »

Mal promu, mal distribué, le spectacle n'a eu aucun succès. Tu m'as pourtant fait, en le jouant, le plus beau des cadeaux. Tu étais la Jeune Veuve, Perrette, le Loup, l'Agneau, le Lion et l'Âne, la Cigale et la Fourmi, le Chat, la Belette et le Petit Lapin. Il est rare, dans la vie de tous les jours, de côtoyer une femme à la personnalité riche d'autant de facettes.

Elle

J'ai toujours voulu faire du théâtre. Venue de Bordeaux, je suis montée à Paris pour être comédienne et j'habite aujourd'hui un appartement dans un immeuble qui côtoie un théâtre. J'entends, à heures fixes, en bas dans la rue, la sonnerie grêle qui appelle les spectateurs à gagner la salle. Une sonnerie qui résonnait déjà du temps d'Offenbach quand la foule se pressait à ses opérettes et autres opéras-bouffes.

Avant d'entrer en scène les comédiens se balancent des « merde », pour se porter bonheur, en espérant que les spectateurs seront nombreux. Quel rapport entre les « merde » et l'affluence de spectateurs ? La quantité de crottin de cheval qu'il y avait, devant les théâtres, proportionnelle au nombre des calèches qui s'arrêtaient pour y faire descendre leurs occupants.

Ce que j'ai aimé le plus au théâtre, c'est l'entrée en scène, moment incroyable entre la lumière et le sombre, le monde des rêves et celui de la chair, peur inouïe de plonger dans la lumière et d'y aller quand même, poussée par cette folie de s'exposer aux autres. Subitement, la peur devient jouissive. Voilà : le théâtre est le lieu où je n'ai pas peur. Le contraire de toi qui n'as peur de rien, sauf de me voir sur les planches.

Je me souviens d'un soir où je jouais *Il était une Fable* et où j'avais perdu la mémoire devant le public. Je ne connaissais plus ni mon texte, ni la mise en scène, je savais seulement qu'il fallait entrer dans la lumière. J'ai fait quelques pas et tout m'est revenu.

J'ai traversé cet instant incroyable sans aucune crainte, sans aucune trace de trac.

Le trac fait partie de la vie des acteurs. Ils connaissent tous la phrase de Sarah Bernhardt. À une jeune fille qui lui disait : « Moi, je n'ai jamais le trac sur scène », elle répondait : « Ça n'est pas grave, ma petite, ça vous viendra avec le talent. » Je ne sais si j'ai du talent. Mais ce moment sans trac est le seul de toute l'histoire de ma maladie où je me suis sentie guérie.

Mon amie Marianne Epin ne vivait que pour le théâtre. Elle aimait tout, voyait tous les spectacles, connaissait tous les acteurs, toutes les mises en scène. La dernière partie de son existence a été difficile : la maladie l'a durement pourchassée et frappée de nombreuses fois avant d'avoir raison d'elle. Pourtant, elle a tenu bon et continué jusqu'au bout à jouer.

Ai-je passé le temps d'aimer ?

À la sortie d'une messe à l'église Saint-Roch, l'église des comédiens, son cercueil fut, comme le veut la coutume, longuement applaudi par la foule des gens de théâtre venus lui dire adieu.

Lui

L'aînée de ses deux filles a pris la parole dans l'église. Elle ne fut pas la seule, mais son intervention dont le thème culminant fut « Comment je vais faire sans toi » avait l'intensité des grandes oraisons. Elle n'y parlait pas seulement de sa mère disparue, elle s'adressait à elle avec tant d'émotion et de force qu'elle nous la rendait présente, quasi vivante. Si cela n'avait pas été totalement déplacé, c'est là que j'aurais applaudi.

Elle

Mon installation à Paris dans les années soixante-dix ne fut pas aussi glorieuse que je l'avais espéré. Arrivée de Bordeaux, des rêves de gloire et de scènes plein la tête, je rejoins bientôt le club des jeunes comédiennes qui parlent de théâtre sans en faire beaucoup, la cohorte des actrices trop souvent au chômage. Les temps devenant difficiles, j'élève seule ma première enfant et travaille peu. Ma sœur Françoise m'avertit un jour que la rédaction de TF1 cherche – sans la trouver – une présentatrice météo. Je me présente, on me prend, pour quelques jours, quelques semaines, un remplacement d'été. Ça marche et on me garde. Malgré l'impression de trahir ma vocation, j'accepte. Je ne serai jamais Célimène, Phèdre ou Hedda Gabler. Je deviens Catherine Laborde.

Lui

Commence alors pour toi un seul-en-scène qui dure trente ans. Petit colibri sexy voletant devant des cartes météo, tu t'installes dans les télés comme l'oiseau dans sa cage chez des millions de Français. Trente ans : le temps qu'il faut, dans une génération, pour passer de l'enfance à l'âge adulte. Tu deviens, pour des parents et leurs enfants, puis pour les enfants de ces enfants, bien mieux qu'une habitude : un rituel dont tu es l'unique prêtresse. Ta voix si particulière récitant la petite messe du temps qu'il fera s'installe dans les âmes et les cœurs, d'autant plus largement que tes collègues, soucieux de protéger leurs week-ends, t'ont laissé les samedis et dimanches, soit les jours de plus grande audience. C'est la revanche de Cendrillon : tu travailles quand les autres se détendent, mais les gens t'aiment de plus en plus nombreux.

C'est la première chose que t'a déclarée Brigitte Macron quand elle t'a reçue à l'Élysée pour un déjeuner consacré au handicap. Elle a dit :

— Oui, mais vous, Catherine, on vous aime.

Amour malade

De la part d'une femme qui a tout pour elle – l'élégance, le charme, l'esprit, une intelligence hors du commun –, ce compliment, qui trahissait à rebours une sorte de désarroi personnel, m'a étonné.

Je l'ai compris plus tard : en t'invitant, elle voulait voir de près à quoi ressemble, en chair et en os, quelqu'un que tant de gens aiment.

Elle

Et puis, à l'automne 2017, au retour des vacances, je me suis rendu compte, en arpentant les couloirs de la télé, que tous les gens qui y circulaient avaient l'âge d'être mes enfants, voire mes petits-enfants. Je ne les reconnaissais plus.

Il était donc temps que je parte. J'en ai fait la demande, en espérant qu'on me retiendrait. Ce ne fut pas le cas. Il fallait donc s'en aller.

Je devais l'annoncer durant le bulletin du dernier jour de 2017, et je n'avais rien réussi à préparer. Condamnée, face caméra, à la plus grande sincérité, l'exercice s'annonçait difficile. Le directeur de la rédaction préféra que je ne fasse pas cette annonce en direct : le bulletin fut enregistré deux heures avant la diffusion, avec tous mes amis derrière la grande vitre de la régie.

Quand j'eus terminé, le président de TF1 vint me secouer comme un vieux prunier en répétant :

« Quelle belle carrière Catherine, quelle belle carrière ! »

Lui

J'étais là aussi, tremblant comme d'habitude de te voir en scène, d'autant qu'il y aurait beaucoup de monde devant les téléviseurs au moment de ta cérémonie des adieux.

Tu l'as faite en une seule prise et c'était parfait. Ils ont tout gardé, sauf la larme qui t'a échappé après que tu eus dit à ton public :

— Vous m'oublierez, moi non. Je vous aime.

Après ton passage à l'antenne à vingt heures, ton portable s'est mis à bourdonner sans interruption sous le flot des tweets et SMS, pendant de longues minutes, comme un criquet frappé de démence.

4

Qu'est-ce que j'aime en t'aimant ?

Lui

« Qu'est-ce que j'aime, en t'aimant, mon Dieu ? » interroge saint Augustin – le plus charnel des mystiques, le plus mystique des charnels – au Livre X de ses *Confessions* : « Ce n'est pas la beauté des corps, ni leur éclat qui passe, ni la clarté du jour qu'aiment tant nos pauvres yeux, ni les douces mélodies des cantilènes variées, ni l'odeur suave des fleurs, des parfums et des aromates, ni la manne, ni le miel, ni les membres faits pour les délices des enlacements de la chair.

« Non ce n'est pas cela que j'aime, quand j'aime mon Dieu. »

Je ne me suis jamais demandé comme saint Augustin ce que j'aimais en aimant Dieu. Mais ce que j'aimais en aimant, je me le suis beaucoup demandé, depuis qu'adolescent je ruminais ce texte sublime dans mes exercices de petit latin, et je me le demande encore.

La beauté des corps, la clarté du jour, les douces mélodies des cantilènes variées, l'odeur suave des fleurs, des parfums et des aromates, les membres faits pour les délices des enlacements de la chair… sans doute, mais encore ?

Encore et encore et toujours encore – pendant une vie entière – jusqu'à toi.

Et pourtant, la beauté de nos corps, la musique de ta voix, l'odeur suave de ton parfum fleuri – *Deci Delà* de Nina Ricci –, tes membres faits pour les délices des enlacements de la chair… où s'en sont-ils allés ? Partis avec les douces mélodies des cantilènes variées, la manne, le miel les aromates et le reste.

Pourquoi est-ce que je m'accroche à cet amour, où ni toi ni moi ne ressemblons plus à grand-chose ? Qu'est-ce qui m'oblige à t'aimer quoique tu te montres à mes yeux de moins en moins aimable, toute à tes tourments, tes insomnies, tes peurs paniques, tes errements divagants ?

Qu'est-ce que j'aime en t'aimant ? Par quel mystère, miracle, magie noire, sortilège, ta perte me lie-t-elle à toi ? Pourquoi sommes-nous inséparables dans l'irréparable ?

En vérité, je te le dis, ça dégénère, ça décroît, ça se défait, cahin-caha dans le chaos, ça part en cacahouète, on va perdre les essuie-glaces, puis les phares, puis les freins, les roues, les portières et le moteur jusqu'à l'arrêt, point final.

« Pourtant, j'aime une clarté, une voix, un parfum, une nourriture, un enlacement, quand j'aime mon Dieu : c'est la clarté, la voix, le parfum, l'enlacement de l'homme intérieur que je porte en moi, là où brille pour mon âme une clarté que ne borne aucun espace, où chantent des mélodies que le temps n'emporte point, où embaument des parfums que ne dissipe pas le vent, où la table a des saveurs que n'émousse pas la voracité, et l'amour, des enlacements que ne dénoue aucune satiété : voilà ce que j'aime en aimant mon Dieu. »

Et moi aussi, dans notre déroute et sans l'aide de Dieu, j'aime une clarté, une voix, un parfum, une nourriture, un enlacement que ne dénoue aucune satiété. Est-ce l'enlacement de l'homme intérieur que je porte en moi ?

Parce que je te confonds avec le souvenir que j'ai de toi ? Parce que je pressens que s'il t'arrivait malheur, je ne te survivrais pas ? Parce que tu es tout ce que j'aurais finalement pu et voulu avoir ? Il n'y a que toi et il n'y aura plus rien d'autre. Ce sentiment déchirant débouche pourtant sur celui d'une complétude, d'un accomplissement amoureux. Presque d'une plénitude.

Elle vaut largement les promesses, pour moi toujours vagues, de la vie éternelle.

5

Sonner la retraite

Elle

— Oukilé mon téléphone ? C'est toi qui l'as ? Je ne trouve plus mes lunettes. Oukilé mon ordi. Et ma souris éléou ? Et mon jean je l'avais à la main, iléou ?

Lui

— Iléla !

Elle

— Oulà ?

Lui (s'énervant crescendo)

— Là, je te dis. Là là là là !

Elle (paniquée)

— Oulàlàlàlà ? Oukesé làlàlàlà ?

Lui (pédagogue mais énervé)

— Là je te dis, sur la table.

Elle (tremblant de plus en plus)

— Quoi sur la table ? Mes lunettes ? Mon ordi ? Mon jean ? Iléou mon stylo-bille ? Oukilé mon Modopar ?

Lui

Autour de toi les objets perdent leur place, surtout la dernière, là où tu venais de les poser. Tout flotte désormais dans le Oukiléleiléou, où les questions n'ont jamais de réponse. Bienvenue dans l'espace sans repère, où tout s'oublie. L'infini s'installe dans notre appartement, sous la forme de l'indéfini. Quand on n'a pas eu une formation de cosmonaute, c'est harassant à vivre.

Dans cette atmosphère chahutée ont sonné, pour toi et moi, les trompettes de la retraite.

Elle

Après mes adieux, je suis retournée une seule fois avec toi à TF1 pour vider mon bureau. J'ai croisé des gens qu'on avait virés et qui faisaient triste mine. Moi j'avais presque choisi de partir, on m'avait donné un peu d'argent, je ne partais pas bousculée, tout s'était fait à mon rythme. Ma retraite démarrait plutôt bien : sans rancœur ni regret.

Et puis, j'avais des projets : trouver une petite maison au bord de la mer, écrire un livre sur ma maladie, partir au Japon pour satisfaire ma passion des bains nippons.

Lui

En fin de carrière, vice-président et directeur de création d'une agence de communication de taille moyenne, je dus négocier un départ anticipé : j'étais trop cher, on allait me sortir de la masse salariale et me confier des missions pendant les deux ans où j'aurais pu rester en poste. *Fair deal.* D'autant que je n'avais pas le choix. Subitement, après un pot de départ très alcoolisé qui s'acheva au Mathis à cinq heures du matin, mon monde s'est effondré. Les centaines d'amis que j'avais accumulés sur Facebook et qui, pour la plupart, se rappelaient à mon attention dans l'espoir de se voir confier un free-lance, disparurent comme par désenchantement. L'essaim était parti buzzer ailleurs. J'étais seul comme je ne l'avais jamais été...

Elle

Et moi alors, j'étais où, moi ?

Lui

Ma retraite ! Ce fut pour moi une Bérézina, une déroute, une défaite erratique dans les vastes plaines du temps perdu. Je ne savais plus que faire de mes journées, de mes semaines, de mes mois, de ma vie. Dieu qu'il y a d'heures dans vingt-quatre heures ! Et combien de tristes dimanches dans une semaine ! J'avais beau ralentir tous mes gestes, sanctifier tous les détails du quotidien, m'inventer mille rituels pour remplir les alvéoles de la durée – desservir le petit déjeuner en trois fois, descendre chez le teinturier, remonter, redescendre chez le marchand de couleurs en face du teinturier, changer quatre fois par semaine l'eau des fleurs – c'était peine perdue : le temps n'avançait plus, son moteur était à l'arrêt.

— Laisse les fleurs, chéri, m'intimais-tu, la femme de ménage va s'en occuper, fais plutôt du vélo d'appartement.

Je fais du vélo d'appartement un quart d'heure, une demi-heure, une heure, deux heures par jour, si ça continue, je vais faire le Tour de France à vélo d'appartement…

Elle

Bureau-auto-dodo, ça t'a manqué tant que ça ?

Quand tu travaillais, tu te plaignais tout le temps de la routine, de la cantine, des comités de direction où chacun a compris de longue date qu'il est là, sauf le chef, pour la fermer.

Lui

Si tu savais, ma chérie, comme c'est rassurant la routine et les chefs ! N'oublie pas : l'homme est un singe servile. Rien ne lui plaît comme plaire à son supérieur, ça l'occupe, l'oriente, le motive. Et puis, les chefs nous oppriment, nous rabaissent, nous empêchent mais ils ont une vraie utilité : si nous faisons des bourdes, c'est toujours, dans notre tête, un peu leur faute. Ils auraient dû nous laisser faire, s'appuyer sur notre sens de l'initiative ! Le responsable a pour première fonction de nous permettre sereinement de ne pas l'être.

C'est pourquoi dans les bureaux on passe en règle générale plus du tiers de son temps à dauber contre les supérieurs sans lesquels tout irait beaucoup mieux. Nous supportons notre soumission en la revêtant du costume de la révolte. Ainsi se digèrent le flétan au gratin de chou-fleur de la cantine et les petites rancœurs que font naître la promotion d'un rival, une prime ou une augmentation refusées. Quant à la routine, c'est le meilleur antidépresseur qui ait été inventé.

Elle

Je crois plutôt qu'elle rend les gens fous !

Lui

Pas dans mon cas : en quittant pour la quiétude des bureaux mes errances soixante-huitardes, qui m'avaient vu professeur de philosophie, graveur sur cuivre, débroussailleur de châtaigneraies dans le maquis corse, traducteur, peintre d'appartement, rédacteur d'articles aux *Temps modernes* ou à *Qui ? Police*, essayiste, aquarelliste abstrait, j'ai quitté la démence où je m'étais précocement installé.

C'est tellement réconfortant d'avoir un emploi du temps, même si on passe en entreprise le plus clair de son temps à ne rien entreprendre. Car un emploi du temps, dans le monde du salariat, c'est du temps assuré par des horaires cadrés, par un revenu qui s'appelle « reviens », par une mutuelle, des crédits qui confirment que tout cela va durer. On se sent à l'abri dans un emploi du temps, comme dans un port. Il vous ouvre les portes d'un monde peu chahuté où l'espoir équivaut au prévisible...

Elle

Je n'ai jamais rien vécu de ce que tu racontes là ! À chacun de mes bulletins météo je construisais un petit théâtre plein d'incertitude, d'étonnement et de surprise. C'est sans doute pour cela que je ne me suis jamais ennuyée dans mon métier. Même si, en apparence, ils peuvent se répéter, mes bulletins ne sont jamais les mêmes. Comme le ciel et ses nuages. La météo est la science de ce qui ne se ressemble jamais tout à fait : le temps qu'il fait. Elle nous rappelle que tout équilibre est fragile, instable, versatile. Ce n'est pas une science exacte ; elle garde toujours la poésie de l'imprévisible.

Cela vaut autant pour la course des nuages que pour la conduite des hommes sur la Terre. Je n'aurais jamais pu vivre avec un dingue comme toi si je n'avais pas une conception météorologique de la vie.

Lui

Je te donne raison sur ce point : seul l'imprévisible rend la vie supportable. Car lui seul nous permet d'espérer. Dans la pub, où j'ai passé l'essentiel de ma vie de bureau, on ne savait jamais en arrivant le matin si la journée qui commençait serait un désastre ou un triomphe. Deux bonnes raisons de boire à la tombée du jour, du champagne, pour se réjouir ou se consoler.

Comme je regrette aujourd'hui encore ce temps d'abondance et de relative insouciance où les gens étaient joueurs : frimeurs, tyranniques, caractériels, agités, angoissés ou sereins, mais joueurs ! Comme tout cela est loin ! L'esprit de sérieux est revenu en force, et avec lui la peur de perdre et de se perdre. Je l'ai bien senti en partant à la retraite : les soporifiques mormons des deux sexes pullulaient déjà à tous les étages : fini de jouer, fini de rire !

Moi je ne m'y serai pas mis, à la retraite ! Je l'ai vécue comme une garde à vue arbitraire et injuste, ou plutôt comme une garde hors de vue, puisqu'on m'avait cantonné là où on me voyait le moins, loin des open spaces où fourmillent mes semblables, loin des soirées où ils se reconnaissent et se séduisent, loin des cérémonies où ils s'honorent !

Me voilà confiné dans ce grand parc humain cerné d'indifférence où nous sommes si nombreux. Aussi nombreux que nous fûmes à naître après la Deuxième Guerre mondiale. Nous nous y dépêtrons avec la dernière partie de nos vies, et son cortège d'angoisses et de tourments : peur de l'ennui, de perdre la boule, de se paupériser, crainte de la maladie, implants dentaires, prothèses de hanche, d'épaule ou de genou, pontages coronariens, drame de la solitude, ou, pour ceux qui sont en couple, terreur de voir l'autre disparaître en premier.

6

Un homme bon

Elle

Je me rends compte que tu es bon, quand j'observe ta tolérance à ma maladie. Dès que je prends un peu de recul, je m'aperçois qu'un homme fait vingt-quatre heures sur vingt-quatre attention à moi, et cet homme, c'est toi. Tu me nourris, tu veilles à ce que je ne manque de rien, tu t'inquiètes de me savoir paisible dans une maison harmonieuse. Tu passes ton temps à tout remettre en ordre, jeter les journaux avant que j'aie eu le temps de les lire, remplir le frigo alors que je n'ai pas faim, nettoyer la cuisine, ranger les bibliothèques.

Ton agitation compulsive m'encombre : j'y vois une volonté de faire le vide, de retrouver une solitude dans laquelle je ne serais pas.

Mes symptômes t'énervent, comme tu t'énervais de mes travers quand je n'étais pas malade. Manière de me dire que je n'aurais pas dû être là.

Lui

Quand tu prends un mot pour un autre, un être pour un autre, un lieu pour un autre, quand tu oublies derrière toi tout ce que tu manipules, quand tu laisses tout traîner, ça m'exaspère.

Même avec les meilleures intentions, il y a en chacun de nous une intolérance à la déchéance de l'autre, comme à la nôtre – toutes deux liées à notre crainte du chaos – dont il faut toute la force de la foi pour se départir. Mais tout le monde n'est pas Mère Teresa.

Elle

Tu es bon et tolérant mais pas tout le temps, loin de là. Tu aimerais, au moins plusieurs fois par jour, me jeter par la fenêtre. Devant tes récriminations, je me retrouve dans la position d'une enfant qui ne fait pas ce qu'on attend d'elle. Dans ma solitude, mes parents sont extrêmement présents. Et je mesure l'imbécillité de cette sensation – ils sont décédés tous les deux depuis plusieurs années.

Lui

Je pressens moi aussi qu'il y a une mystérieuse connexion entre ta manière d'être malade et ton enfance. Le côté infantile-infantilisant de ton mal ne m'en exaspère que plus. Tu écris dans *Trembler*, ton dernier livre, au chapitre où tu compares ta maladie à ton enfance maladive :

« Je prends brutalement conscience que ma vie actuelle est la même que celle que j'ai vécue les dix premières années de ma vie. »

Et tu enchaînes :

« Aujourd'hui sous l'emprise de Parkinson, je me retrouve pareille à cette petite fille à peine malade qui cherche dans le regard de sa mère l'inquiétude folle et l'amour infini. »

Crois-moi, de telles phrases ne sont, en ce qui me concerne, pas tombées sous le regard d'un sourd ! Car l'inquiétude folle et l'amour infini, c'est dans mes yeux que tu les cherches aujourd'hui, comme tu les cherchais autrefois dans ceux de ta mère que tu voulais – comme tu me veux – rien que pour toi.

Oh, je sais ! Tu vas m'inviter à me souvenir combien tu m'as suffisamment démontré à quel point tu savais, en amour, ne pas être exclusive. Foutaises ! Ruse féminine ! Stratagème de l'araignée qui, pour prendre la mouche dans son filet, imite à s'y méprendre le cri du moucheron ! Au bout du compte tu me captures dans le même piège que celui que tu as tendu à ta maman : car que puis-je désormais faire d'autre que de t'aimer, toi et toi seule !

Tu me rétorqueras que tu es vraiment malade. Je ne le nie pas, tant s'en faut. Raison de plus pour entendre le message que la vérité de ta maladie véhicule en sous-main : aime-moi comme je suis, moi la malade, la condamnée, aime-moi sans faiblesse ni faux-fuyant, de toutes tes forces et de tout ton cœur.

Et je réponds oui. Exaspéré, abattu, résigné, je donne pourtant sans hésitation mon cœur à cet amour désespérant. Pourquoi ? Parce que je me sens trop vieux pour me défiler, en me faufilant vers une autre ? Sans doute. La pulsion qui me faisait braver, pour une conquête amoureuse, le rocambolesque, le mensonge, la violence dont est capable un amant ou un époux trompés, la juvénile turbulence qui ne cherche que charme et plaisir au mépris de toute autre chose m'ont abandonné depuis un certain temps.

Un homme bon

Désirer, Platon le dit clairement dans *Le Banquet*, quand Socrate invoque Diotime, c'est désirer voir ailleurs, car Éros – enfant de la richesse et de la misère – n'a ni feu ni lieu, et rien ne saurait jamais définitivement l'installer nulle part. Tous ceux, toutes celles qui ont au cours de leur vie senti combien désirer fait prendre d'altitude le savent.

Mais là, devant ton désarroi amoureux, je reste sans remords ni envie de fuite, cloué au sol à cette place, ma place.

Elle

Il y a des gens qui sont des marqueurs de la mort, des tueurs, des vrais tueurs. Serais-tu l'un de ceux-là ? Serais-tu là pour me voir mourir ? J'ai rencontré sur un plateau de télévision une femme médecin à l'air doux qui parlait beaucoup de la mort et de ses patients happés par celle-ci. Elle est revenue sur cette présence maléfique avec beaucoup d'obstination et j'ai compris qu'elle-même était la mort, quelque compassion qu'elle semble manifester envers ses patients, dont elle évoquait avec beaucoup d'empathie la lente dégradation.

Lui

Bien vu, « touché », comme disent les Anglais. J'ai un petit côté morbide j'en conviens, sans m'en vanter. Pourquoi ? Je n'en sais rien. Je l'ai longtemps attribué à mes origines juives. Mais est-ce nécessaire ? Peut-être suis-je simplement lucide, normalement conscient d'être mortel, comme tout le monde l'était jusqu'à cette époque imbécile qui veut se persuader que la mort est *off record*. Mais moi, aussi loin que je remonte, j'ai toujours su clairement que j'allais mourir, et rien n'est jamais parvenu à m'éloigner de cette certitude.

La première fois que j'ai rencontré la maladie et la mort, c'était derrière une vitre. À cinq ou six ans, on m'a hospitalisé aux Enfants malades, pour une méningite. Des cloisons de verre séparaient nos chambrettes les unes des autres. Au plus près de mon lit, à ma droite, il y avait derrière la vitre, allongée dans le sien, une petite fille. Nous étions très proches l'un de l'autre. Sans la vitre, mon visage aurait pu toucher le sien. Je l'amusais avec ma marionnette, un Pierrot en robe verte à tête blanche. On jouait à deviner où je l'avais caché. Ça la faisait rire. On s'aimait bien, toute la journée l'un à côté de l'autre.

Un jour, ils sont venus. Trois adultes en blouse blanche, l'air préoccupé. Ils ont mis mon oreiller contre la vitre, m'ont forcé à y appuyer mon torse. Deux adultes me tenaient les bras, pendant que le troisième m'enfonçait une aiguille entre les vertèbres. Ponction lombaire. Pas d'anesthésie péridurale à l'époque. La petite fille derrière la vitre me regardait hurler. Ça fait drôle de hurler de douleur devant quelqu'un qui vous aime et qui, s'il vous voit, ne peut pas vous entendre.

Je suis, depuis cette ponction, sujet au mal de dos, et les crises commencent, depuis plus de soixante ans, là où ils ont enfoncé l'aiguille. Il y a des douleurs qui vous suivent toute votre vie. Elles sont plus pérennes que nos amours. Elles les marquent de leur sceau.

J'ai eu si mal à l'hôpital ! Je ne savais plus comment m'allonger pour dormir, je confondais le jour et la nuit. Puis c'est passé. Le lit de la petite fille d'à côté était vide. Ma mère m'a dit qu'elle était morte.

7

Du courage !

Elle

Nous nous sommes vraiment organisés pour partir au Japon, réservant billets et hôtels, construisant notre itinéraire autour des bains japonais les plus réputés pour la beauté de leur architecture et du cadre qui les entoure, mais finalement nous ne partons pas. Un cyclone et un tremblement de terre nous retiennent à Paris. Je sais que je n'irai jamais plus au Japon. Quelque chose s'est cassé. Ce devait être notre dernier grand voyage. Nous continuerons à nous contenter du Little Tokyo de la rue Sainte-Anne, situé à vingt mètres de chez nous.

Pas très loin de notre bar à sushis favori, il y a le jardin du Palais-Royal si cher à Colette et Cocteau et pas encore accaparé par le barnum des *fashion weeks*. Les moineaux froufroutants, symboles de la luxure chez les Anciens, ont – après les prostituées chères à Casanova – déserté l'endroit au profit des mères de famille et des poussettes Yoyo.

Avec le jour qui décline le silence revient. Un vieux monsieur est assis sur un banc sous les tilleuls. L'air est doux, le soleil rasant illumine les galeries. Tout est calme et tranquille. Soudain, une horde d'enfants criards se précipite dans le jardin autour de lui.

Ils courent d'un tilleul à l'autre, sans le voir, prêts à rejoindre l'armée des arbres. Ils ont tous du courage, ils sont invincibles, ils ne veulent pas rentrer. La fatigue envahit les plus téméraires qui grognent, accrochés aux basques de leurs mères. Allons ! Qu'ils s'en aillent.

Le petit monsieur n'a pas bougé tout de suite ; de la pointe de sa canne, il dessine dans le sable, à ses pieds, des arabesques qui ornent les traces de chaussures des passants. Pour lui aussi la récréation se termine, mais, lentement, comme s'il avait perdu le courage d'avancer.

Malgré le soutien de sa canne, son petit corps de vieillard se tord quand il tente de se redresser. Il manque de tomber et se lève tant bien que mal. Il m'adresse un sourire bienveillant.

— Courage, me dit-il, courage.

Je voudrais le remercier, échanger avec lui ; j'arrive à balbutier quelques mots inaudibles, mais il a disparu. La peur est toujours là, tapie dans l'alignement des tilleuls, le désert des galeries et les traces de pas dans le sable.

Peut-être que le courage n'existe que dans la solitude.

Lui

Le courage ? Dans notre génération, personne ne nous a jamais demandé d'en faire preuve. Quand nous naissons, entre 1945 et 1950, le plus grand cauchemar que l'humanité se soit inventé est tout juste derrière nous. Nous n'en connaîtrons que l'écho dans les larmes de nos parents. Indochine, Algérie, en grandissant nous passons entre les gouttes. Vient l'âge de nos révoltes : nous y défendrons le droit de « Vivre sans temps morts » et de « Jouir sans entraves ».

Ce qui signifiait, mais nous ne le savions pas encore, l'ambition de devenir d'inassouvissables consommateurs, de sexe, de drogues, de rock and roll, d'abord, puis, l'âge venant, de baskets aérodynamiques, de voyages à Bali, de biens immobiliers, de meubles design ou de smartphones. Nous voulions être les enfants de Marx et de Freud. Nous fûmes au mieux ceux des *Choses* de Perec. Où trouver l'occasion du courage ? Pendant les soldes ? En gesticulant devant nos idoles qui avaient su transformer nos rages destructrices en billets de concert ? Dans *Thomas et son ombre**, le livre que j'ai consacré à mon oncle fusillé à dix-huit ans, avec ses camarades du groupe Manouchian, j'écrivais :

« Nous sommes une génération sans courage. Cette vertu ne nous a pas été nécessaire, elle s'est atrophiée en nous, comme un organe dont on ne se sert pas. Nous sommes la génération du "Je me demande ce que j'aurais fait à leur place". »

Mais à notre place à nous, qu'avons-nous fait ? L'Histoire avec un grand H, celle où il y a des morts, tombe finalement sur nos vies vieillissantes. Que fait-elle de nous ? Des victimes. Du terrorisme, du capitalisme, des élites, du phallocratisme, du patriarcat, des prédateurs, des violeurs, des virus, des profiteurs, et que sais-je encore.

Car nous ne sommes plus capables de rien héroïser, hormis les victimes. En oubliant que ce qui fait les héros, c'est justement le refus d'être une victime. L'hystérie à la fois pleurnicharde et hargneuse de cette époque de lyncheurs larmoyants me dégoûte.

---

* Grasset, 2015.

Elle

On venait quelquefois me voir à TF1 pour des visites guidées où je montrais le fond bleu, les cartes, les mystères de l'incrustation qui oblige à parler à la caméra devant sa propre image reconstruite.

J'acceptais de recevoir les visiteurs – surtout des enfants avec leurs parents – par respect pour l'obstination dont ils avaient dû faire preuve pour parvenir jusqu'au saint des saints : la rédaction.

Un jour, un jeune homme m'aborde à la sortie de la Maison de la Radio. Il s'appelle Antoine Leiris et veut à tout prix venir me voir travailler parce qu'il rêve de devenir présentateur météo. Son insistance m'intrigue, je la trouve inattendue chez un jeune adulte, un peu enfantine même. Ce mélange de détermination et de candeur finit par me convaincre, nous prenons rendez-vous.

Je lui demande, au cours de notre entretien, s'il a un lien avec Michel Leiris, un écrivain que je vénère. Il me répond :

— C'est mon grand-père.

Quelques années plus tard, le 13 novembre 2015, nous dînons avec des amis à la maison. Ils supportent patiemment la diatribe – récurrente, depuis l'attentat ayant visé *Charlie Hebdo* – de Thomas contre l'islamisme radical. Le téléphone sonne. C'est Pia, ma fille : elle dînait dans un restaurant du 11e arrondissement et nous dit être saine et sauve. De quoi ? Nous bondissons sur la télé et découvrons l'horreur de la tuerie. Nous tremblons, toute la France se met à trembler. Dieu merci, nos enfants, nos amis nos proches sont épargnés.

Antoine Leiris n'aura pas cette chance. Sa compagne, la mère de son fils, a été assassinée au Bataclan. Il trouve je ne sais où le courage de ne pas perdre pied.

Dans son livre *Vous n'aurez pas ma haine**, il écrit : « Vendredi soir, vous avez volé la vie d'un être d'exception, l'amour de ma vie, la mère de mon fils, mais vous n'aurez pas ma haine. Je ne sais pas qui vous êtes et je ne veux pas le savoir, vous êtes des âmes mortes. Si ce Dieu pour lequel vous tuez aveuglément nous a faits à son image, chaque balle dans le corps de ma femme aura été une blessure dans son cœur. »

Candeur, courage, douceur, grandeur, espoir.

---

* Antoine Leiris, *Vous n'aurez pas ma haine*, Fayard, 2016, p. 63.

Lui

Le titre du livre d'Antoine Leiris me renvoie au « Je meurs sans haine pour le peuple allemand », une phrase que Missak Manouchian écrit juste avant qu'on le fusille. Je me souviens aussi de la dernière lettre de mon oncle, qu'il rédige pour les siens, dans les mêmes circonstances. Il y affirme qu'il n'a pas été torturé. Il ment. Il l'a été durement. Pourquoi ce pieux mensonge ? Par délicatesse. Pour ne pas infliger à sa mère, qui l'adorait d'un amour surhumain, une douleur plus grande encore que celle causée par sa perte.

Les héros, les vrais, n'ont pas besoin de haine pour trouver le courage de tuer ou mourir.

La haine, c'est la vertu des lâches. Je le dis avec d'autant plus de force que nous sommes entrés depuis cinq ans dans des temps haineux où la discorde, l'irritabilité, l'irascibilité, la colère de tous contre tous semblent devenir la règle du jeu social.

Il ne naîtra rien de ce monde colérique, que régressions et reculades.

Elle

Je ne suis pas une femme courageuse. Je ne l'ai jamais été. Ma maladie n'y a rien changé.

Lui

Je ne peux plus en dire autant. Je n'ai, jusqu'à ce que tu tombes malade, jamais eu à faire preuve d'un courage particulier, sauf dans les moments – ruptures affectives ou professionnelles – où j'ai préféré ma liberté et les sauts dans l'inconnu au *statu quo*. Mais dans ces situations où je mettais en péril confort, rang social ou sécurité affective, je me jugeais insouciant, juvénile, désinvolte, « nonchalant », comme disent délicieusement les Américains, plutôt que courageux.

Ici et maintenant, face à ta maladie, c'est tout le contraire qui m'arrive. Plus question de prendre le large. À l'inverse du reste de ma vie, le courage c'est avant tout de ne pas fuir.

Je deviens un aidant et j'apprends à encaisser en tenant la position, comme n'importe quel troufion dans n'importe quel trou où il a dû se terrer pour attendre l'ennemi.

Et dans ce trou où j'attends que la menace empire, sache-le, je suis seul comme je ne l'ai jamais été. L'existence des aidants de première ligne

– des proches aidants, comme on dit – ça arrange tout le monde, tes amis, tes sœurs, tes enfants, même s'il n'est de cet arrangement jamais question.

Les humains sont ainsi faits : leur compassion prend vite des allures de lancer de patates chaudes. Il passe entre chacun de nous une frontière invisible qui nous autorise à regarder ailleurs quand quelqu'un, qui pourtant nous est cher, tombe et souffre. Ce droit à l'indifférence est accordé à tous, sauf au proche aidant.

Je découvre à tes côtés ce que prendre sur soi veut dire : ne rien attendre de personne d'autre que soi. Depuis que j'ai compris ça, je ne m'en porte pas mieux. Ma consommation d'alcool a même sensiblement augmenté. Mais qu'importe : je me porte. Arc-bouté, arc-boutant, c'est le même arc qui m'unit à moi-même. Ta maladie qui suppose mon omniprésence m'a changé. Je fais moins l'andouille, je deviens moins cynique et plus grave. Je sais que je ne me sortirai pas de ce qui nous arrive et de ce qui nous attend, comme de coutume, avec une pirouette. Plaçant peu d'espoir dans le salut divin, le frisson mystique ou l'amour de mes semblables en général, je me cherche des modèles chez les penseurs antiques qui soutiennent que la première des vertus est de croire en soi.

Je ressasse ce texte de Marc Aurèle, l'empereur philosophe, qu'il a rédigé à Carnuntum, lors de sa campagne contre les Marcomans. Il termine le chapitre 2 de ses *Pensées pour moi-même* : « Dans la vie de l'homme, la durée, un point ; la substance, fluente ; la sensation, émoussée ; le composé de tout le corps, prompt à pourrir ; l'âme, tourbillonnante ; la destinée, énigmatique ; la renommée, quelque chose d'indiscernable. En résumé, tout ce qui est du corps, un fleuve ; ce qui est de l'âme, songe et vapeur ; la vie, une guerre, un exil à l'étranger. »

Le grand style laconique et violent d'un empereur qui, pour affermir son âme, pense contre lui-même, s'administrant comme autant de coups répétés, dans un balancement tragique de questions et de réponses sans appel, les évidences féroces que la vie nous inflige. La philosophie à coups de marteau qu'invoquait Nietzsche est là, ramassée et brutale comme jamais. Et contre ces coups du destin quel bouclier pour se défendre ? Il n'y en a qu'un qui vaille : la philosophie.

Et la philosophie comprise comme quoi ? Comme le secours et les soins que chacun doit porter à son « génie intérieur » afin « qu'il reste exempt d'affront et de dommage ».

La philosophie dans cette pensée guerrière consiste à monter la garde et à se battre, s'il le faut au mépris de sa vie, pour protéger le génie intérieur que chacun porte en soi contre l'inimitié de l'existence, comme le compagnon d'armes protège son ami.

Je ne manque jamais, quand je vais à Venise, de rendre visite à la statue de granit brun-rouge, sans doute volée à Byzance, qui se dresse au seuil de la basilique Saint-Marc. Elle représente deux guerriers romains côte à côte qui sont en tous points semblables. Mêmes armures, mêmes casques, mêmes épées aux poignées en têtes d'aigle, mêmes visages, on les dirait jumeaux. Un seul geste les différencie : comme pour protéger le guerrier de droite, celui de gauche tend le bras et le pose sur son épaule.

Ne sont-ils pas là pour me rappeler que, formé à la philosophie, je n'ai, au fond, jamais cessé de l'être, philosophe, quels que tours et détours qu'ait empruntés ma vie ? Et le peu que j'ai écrit, je l'ai fait dans l'espoir de reconquérir l'amitié de cet être – mon semblable, mon frère – qui attend au fond de moi que la clarté de la vérité lui prodigue sa lumière.

Prendre sur soi, accepter la charge souveraine qui est la même qu'on soit empereur ou simple mortel. Reconnaître que lorsque tout s'effondre autour de soi, la chance nous est pourtant offerte d'un baptême de soi par soi qui se nomme *virtu* dans le monde antique ou chez Machiavel, un mot où convergent vertu et courage autour de *vir* qui veut dire homme, au sens de viril.

Comment pourrais-je ne pas me réjouir – comme se sont réjouis avant moi Montaigne, Descartes, Corneille, Pascal – de voir que l'empereur qui règne sur le plus grand empire que le monde ait connu de son vivant songe avant tout à ce que veut dire l'empire sur soi-même ?

Elle

Oh ! là là ! quelle belle ribambelle d'hommes virils ! Que de nobles pensées écrites dans une langue si belle ! Et tout cela au milieu des fracas de la guerre ! Il n'y a de place ni pour la paix ni pour les femmes dans le monde viril.

Aujourd'hui encore, dans ce début de siècle plutôt terrifiant, l'homme viril fascine toujours autant. Je te vois regarder *Game of Thrones* avec avidité. La passion pour les choses guerrières, dans les chambres d'amour ou sur les champs de bataille, s'y étale à chaque épisode.

Mon tempérament, peureux et pacifique, me conduit à préférer le calme et les retraites paisibles, loin des guerriers virils, des amazones féroces et de leur fascination pour la mort.

Lui

Je te le concède, j'ai un peu brandi par provocation ce mot de « viril » dont je sais qu'il est aujourd'hui devenu imprononçable. Qui porte sur le front une mâle assurance prête au mieux à rire, au pire aux crachats. Un rêve de violence est passé de certains hommes à certaines femmes qui leur fait démasquer comme violeur potentiel tout ce qui voudrait ressembler à un homme, au sens viril du terme.

Moi-même, d'ailleurs, je n'ai jamais rien trouvé dans mes faits et gestes qui soit particulièrement viril, si ce n'est cet organe qu'on nomme ainsi dont j'ai, tant qu'il m'en donnait les moyens, fait un usage que d'aucuns ou d'aucunes pourraient juger excessif.

Mais je ne trouve pas, malgré son côté un peu matamore, meilleur adjectif pour qualifier le choix que j'ai fait, moi, ton homme, ton mec, appelle-le comme tu veux, de ne pas fuir, de tenir la position, de rester à tes côtés pour te protéger des coyotes, des Indiens, des pilleurs de diligences, des petites bestioles qui cavalent dans tes neurones, et qui ne ratent pas une occasion, en nous encerclant, de se rappeler à notre bon souvenir.

Crois-moi ou non, il ne faut aucun courage pour aimer mais il en faut une bonne dose pour passer d'aimer à aider.

Elle

On est au cœur du cyclone. Je sens mes cheveux qui se dressent sur ma tête. Je sens aussi ton désir de me consoler, et nous continuons cahin-caha autant que nous pouvons, toi mon homme, moi ta femme. Et c'est dans ce désastre qu'on se retrouve furtivement, mais sereinement, l'un avec l'autre.

8

L'agneau du sacrifice

Lui

Ce qui n'est pas dicible ni audible par notre entourage proche voire par le corps social en son entier, ce qui ne saurait être avoué tant la culpabilité suscitée par un tel aveu serait forte, c'est le profond désir de meurtre qui travaille souterrainement l'aidant et qui lui fait espérer que, débarrassé de son aidé(e), il pourrait se remettre à vivre la vie qu'il vivait avant que le lourd devoir d'aider ne lui tombe dessus.

Elle

Ah ! Enfin ! Tu avoues ! Traître ! Tout est faux dans notre histoire jusqu'à cet aveu, jusqu'à ce jour où, enfin, tu nous nommes : toi comme « aidant », moi comme « aidée », et le résultat n'est pas brillant.

Tu sais bien que tout arrive par les yeux, tes yeux du matin si bleus, si beaux et déjà si exaspérés. Je suis celle qui exaspère. Celle qu'on veut tuer. Et dans ton regard du petit jour, je me suis demandé à quel moment tu me tuerais pour de bon. Plus tard dans la matinée ?

Non, il faut nous donner une chance. Donc, après discussions, nous sommes convenus toi et moi qu'un soir avant dîner nous pourrions – soit toi, soit moi – passer à l'acte, et te tuer mon amour. Enfin ! Mais où sont tes yeux bleus ? Où sont-ils ?

Lui

Ah bon ? Mais je croyais que c'était moi qui te tuais !

Elle

Mais non ! Et je n'oublie jamais tes délices culinaires, Thomas, et par conséquent, un meurtre après dîner, plutôt qu'avant, dans le calme de la digestion me paraîtrait tout à fait bien choisi.

Dans la journée, nous adoptons une sorte d'attitude précaire où je crie « pouce ! ». Nous sommes devenus si éloignés l'un de l'autre. Les douces habitudes ont laissé place aux obligations des repas. Rituels silencieux, et sans objet si ce n'est une façon de s'ébaubir une fois encore devant la qualité de ta cuisine.

Quand même, le rituel des repas nous protège du désespoir. Le désespoir est arrivé dans les valises de l'épidémie ; nous voici tous les Terriens sous la menace d'un virus implacable qui défait toutes les prévisions. Il n'y a rien à faire, sauf attendre ; la vague mortelle va arriver, la peur revient à toute allure ; comment se protéger ? Que faire ? Où sont les vagues successives de l'épidémie ? Quand arrivent-elles ? Où est le virus ? On mange quoi ce soir ?

Lui

C'est le dimanche de Pâques. On ne va tout de même pas se priver de manger de l'agneau. M'inspirant de la recette du shawarma d'agneau de Yotam Ottolenghi, j'ai commencé par entailler de la pointe effilée de mon couteau favori la chair d'une tendre épaule d'agneau. Puis j'ai rempli les plaies profondes que j'avais ouvertes d'une marinade mêlant à l'huile d'olive et au jus de citron de l'ail, du gingembre frais, de la coriandre en graine, du romarin, de la cardamome, du cumin, du clou de girofle, de l'anis étoilé, du ras el-hanout, du paprika, du piment fort. Ensuite j'ai recousu les plaies au fil de cuisine, puis oint de marinade l'extérieur de l'épaule que j'ai laissée sept heures au frigo et une heure sur le plan de travail, avant d'enfourner.

Cuisson : deux heures en cocotte au four à feu doux, plus une demi-heure sans couvercle pour obtenir une belle couleur dorée.

N'ayant ni galettes ni pitas sous la main je sers ce méchoui divinement parfumé sur de grosses tranches de pain rustique grillées, puis arrosées d'huile d'olive. Je l'accompagne d'une salade de tomates siciliennes mêlée à des concombres, du poivron vert, de la ciboule, de la menthe, et beaucoup de coriandre en feuilles. J'improvise en supplément une sauce fabriquée avec ce que je trouve dans le frigo : deux petits-suisses, de la moutarde, du jus de citron, du paprika et des grains de cumin auxquels j'ajoute un peu de purée de sésame.

Elle

C'est délicieux. Pourtant, après le dîner, au lieu de tuer, j'éclate en larmes devant cette évidence : avec l'arrivée de la maladie, tout s'est arrêté pour moi. Avant, tout était possible. Mais la porte des rêves s'est refermée, nous laissant seuls sur le quai, sans bagage, les bras ballants. Tu m'as abandonnée. Le sais-tu seulement ? Comme tu sembles indifférent à ce qui m'arrive, à ce qui nous arrive. Voilà que je me mets à pleurer comme jamais ; je suis devenue fontaine ; et solitaire. Tu continueras sans moi. Re-larmes. Je ne pleurais pas autant avant. Avant quoi ? La maladie ? Le mariage ? La vie avec toi ? Tous les jours avec toi ? Pitié ? Je vois dans ton regard le dégoût que je t'inspire ; le mot n'est pas trop fort.

Lui

Mais puisque tu ne sembles pas vouloir me tuer tout de suite, laisse-moi reprendre le fil de mon raisonnement sur la dialectique de l'aidant et de l'aidé(e).

Dévouement, sacrifice, abnégation, oubli de soi : la porte est ouverte à tous les grands sentiments dans le cœur de l'aidant, d'autant plus largement que le désir de laisser l'aidé(e) enfermé dans son sort a été verrouillé par la honte qu'une telle pensée susciterait en lui si elle pénétrait sa conscience. Et pourtant, combien de temps encore réussira-t-il à s'empêcher de rêver à sa liberté retrouvée ?

L'insoluble nœud gordien qui se noue quand aimer devient aider – Haneke dans son film *Amour* le tranche par le meurtre de l'aidée par l'aidant et le suicide de ce dernier – peut se résumer ainsi :

Je t'aime, la preuve, je t'aide. Autrement dit, puisque ta maladie non seulement te diminue, mais me prive de moi-même, désormais voué à te servir, je te hais sans que jamais je puisse me l'avouer. Je continue donc à t'aimer comme si de rien n'était alors que ce que tu es devenue désormais m'insupporte, me pèse, me gave, me conduit à désespérer de moi, de nous, de tout.

Qu'on ne s'étonne pas si les aidants meurent souvent avant leurs aidés, étranglés par l'anneau constricteur de ce dilemme insoluble dans lequel l'amour les enferme. Ce savoir non su, informulé, informulable, sauf peut-être sur un divan d'analyste, n'est pas uniquement le lot de l'aidant.

Car l'aidé(e) aussi développe au fil du temps une fausse conscience de l'aidant où l'hostilité latente à son égard croît dans les ténèbres de l'inconscient. Parce qu'il se sait condamné à plus ou moins brève échéance, l'aidé(e) supporte mal de voir l'objet de son amour et le garant de son soutien devenir le témoin quotidien de sa décrépitude.

Crainte et rancœur l'envahissent envers ce témoin du malheur, ce témoin de malheur qui finira par lui apparaître sous un jour maléfique. Ça n'est pas un hasard si l'un des symptômes les plus fréquents de ta maladie dans sa phase critique, c'est la perception du proche aidant comme un jumeau diabolique de celui ou de celle qui fut autrefois aimé.

Et le fait que l'aidant, comme je l'ai dit, est porteur d'une lourde charge d'hostilité inconsciente n'arrange rien. Au fond, l'aidé(e) n'a pas totalement tort de percevoir un halo d'hostilité autour de la bienveillance de son aidant.

Elle

Tu passes du coq à l'âne, tu joues à saute-mouton entre tes recettes et ta réflexion tragique. C'est tout toi, ce côté primesautier. Je ne m'ennuie jamais à tes côtés et je tiens à t'en remercier publiquement : au fond, c'est pour ça que je t'aime, pour ton inconstance mentale, elle est ton génie et ta perte. Autrement dit, tu es un raté génial ou un génie raté, comme tu voudras.

Lui

Je pense que, quand la vérité est trop crue, il est bon de l'accompagner d'un peu de cuit.

D'où mon idée de mêler recettes et réflexions véridiques sur la nature humaine. Confectionnant le lendemain, avec les restes de mon méchoui – que j'ai mêlés à des aubergines et des oignons grillés (même accompagnement, même sauce que la veille) –, des pitas fourrées à base de galettes mexicaines, je réfléchis en même temps à mes pensées de la veille et conclus : l'expérience que nous vivons, toi l'aidée moi l'aidant, est totalement singulière. C'est une expérience limite où l'amour et la haine se transforment l'un en l'autre, où l'attraction et la répulsion, l'espoir et le désespoir s'équivalent, où les sentiments contraires se percutent dans une violente dissonance, difficilement soutenable voire quasi invivable.

Une singularité, comme on dit en mathématique ou en astrophysique. Vous êtes-vous déjà baladé dans un trou noir ? Si ça vous tente, passez nous voir à la maison.

Elle

Ne nous suffirait-il pas de comprendre que nous sommes doublement enfermés toi et moi ? Dans ma maladie, première poupée russe, et dans la pandémie qui nous enferme chez nous, deuxième poupée russe qui contient la première ? Il y a aussi dans ce que nous vivons une forme de dégoût dont je ne peux me défaire. Dégoût de soi, de l'autre, qui empêche toute joie. Je me souviens des *Animaux malades de la peste* de La Fontaine : « Un mal qui répand la terreur… faisait aux animaux la guerre… ils n'en mourraient pas tous, mais tous étaient frappés… Nul mets n'excitait leur envie… Les tourterelles se fuyaient… Plus d'amour, partant plus de joie… »

Je n'ai pas faim, je ne t'aime plus, tout est fermé, le dégoût a chassé la joie.

Lui

C'est vrai, nous sommes doublement prisonniers. Mais j'ai sur tout prisonnier un privilège dont aucun, à ma connaissance, ne dispose : je peux faire la cuisine à mon gré quand et comme je veux. Parce qu'on trouve de tout en prison, des armes, du sexe, de la drogue, de la religion, mais des cuisinières dans les cellules, jamais.

Voilà en quoi toi et moi nous différerons toujours : ni la folie des uns, ni la bêtise criarde des autres, ni la vulgarité de ce monde, ni le malheur qui s'abat sur lui n'auront réussi à me couper l'appétit.

Et si mes divagations t'importunent, reconnais au moins que ma recette de l'agneau du sacrifice était réussie ! J'aurais tant aimé la faire goûter à Sigmund Freud.

9

Aller avec elle dans une île

Lui

Ce dimanche 19 avril 2020, nous sommes enfermés dans notre appartement parisien depuis un mois et trois jours. Comme un grand nombre de Français, nous nous entraînons à l'Inoccupation dans le silence des jours qui vaut celui des nuits, en plein cœur d'une ville dont les avenues haussmanniennes (avenue de l'Opéra, rue de Rivoli) accentuent, par leur gigantisme, le côté ville fantôme.

Ce Paris minéral où rien ne se passe, où plus personne ne passe a des côtés « Monument Valley » que je trouve d'une grande beauté, moi qui ai toujours fui les villes pour les déserts et les déserts pour les villes.

Plus d'amis à dîner, plus de famille sauf au téléphone ou en images sur WhatsApp, plus de contacts physiques entre toi et moi, nous essayons, comme on dit, de nous faire une raison. Le chat, non. Il ne comprend absolument pas pourquoi il est enfermé, alors qu'il fait beau dehors, aussi beau que dans *April in Paris* chanté par Ella Fitzgerald ou Sarah

Vaughan, et que de succulents oisillons chantonnent dans les arbres qui verdissent notre cour.

Il lui faut sortir à tout prix. Et sans fin il répète le même stratagème. Il a observé que la porte qui conduit à notre micro-buanderie jouxte celle de sortie. C'est là qu'il attend, tapi dans l'ombre, que nous entrions ou sortions de l'appartement. Car il a observé également que notre regard porte droit devant nous quand nous nous déplaçons et non à droite ou à gauche de nos pieds. Il a, comme tous les prédateurs, un sens aigu des angles morts et il sait se déplacer dans l'espace aveugle qu'ils définissent, celui où on ne voit rien venir. Il ne nous reste plus qu'à partir à sa recherche dans l'escalier, sans qu'il nous laisse le moindre indice pour nous indiquer s'il a choisi de monter ou de descendre.

Nous n'avons ni toi ni moi, ni ceux qui prétendument nous gouvernent, ni ceux qui nous soignent, ni ceux qui nous informent, rien vu venir non plus de cette pandémie qui nous accable.

Preuve supplémentaire d'une évidence que feraient bien de méditer les donneurs de leçons en tout genre : l'avenir de l'homme est avant tout ce qu'il ne voit pas venir. Les statistiques qu'on nous assène à longueur de bulletins sur le nombre de morts diminués du nombre de réanimés et fractionnés par le nombre de contaminés n'y changent rien. Enfermés dedans, nous comptons les morts dehors, c'est tout.

Aller avec elle dans une île

Cet immense moment d'incertitude collective mondiale est – au-delà d'un confinement tragiquement inégalitaire – notre lot commun. Sans doute nous ravage-t-il plus que le virus lui-même.

Elle

Je sais mieux que personne de quoi tu parles. Je suis confinée à l'intérieur de moi depuis longtemps, depuis toujours. Le rythme du monstre m'engloutit peu à peu. Il est resté inoffensif jusqu'à la fin de l'été. Puis il a cherché à me détruire. Il y est pratiquement arrivé, son souffle morbide est tout près. Mes pensées s'envolent en essayant de suivre l'horreur qui l'entraîne jusqu'à moi.

Tout dégringole, je perds les mots, et leur place. Jusqu'à ce ballet des mots qui dansent pour qui ? pour quoi ?

Lui

« Qu'est-ce que je cherchais ? Pourquoi je suis là ? » t'ai-je entendue dire un matin ; deux formules que n'aurait pas désavouées Beckett, et qui mesurent ton égarement grandissant.

N'est-il pas grand temps de tenter, comme le chat, une sortie ? Et s'il ne nous reste que nos souvenirs heureux pour échapper aux yeux du monstre, qui ne regarde jamais dans cette direction – celle du bonheur –, enfourchons-les sans attendre. Souvenons-nous des jours heureux passés ensemble ces cinq dernières années, non pour les pleurer, mais pour nous réjouir tous les deux du plaisir qu'ils nous ont procuré.

Peu après notre mariage, tu vends l'appartement où tu vivais en dessous du mien. Il nous semble, puisque nous avons réussi à convoler de nos propres ailes, que nous pouvons cohabiter. Tout volatile ne finit-il pas par bâtir un nid ? Tu es à la tête d'un joli pactole. Je te suggère d'acheter rapidement une maison qui reviendra plus tard à tes enfants, plutôt que de me laisser siphonner lentement mais sûrement ton compte en banque. Tu m'approuves.

Mais où investir ? Dans le Midi ? Le réchauffement climatique t'en dissuade : le Luberon, c'est, selon toi, le Hoggar dans dix ans. Aux bords de la Méditerranée que tu adores ? Trop de migrants viennent y mourir, tu ne supportes plus d'aller même en Grèce. Je te propose une île lointaine : le Sri Lanka. Nous y effectuons une visite de reconnaissance. Mais quand tu découvres un varan d'un mètre cinquante assoupi aux abords de la fosse septique de notre bungalow, tu jures de ne jamais y revenir.

Elle

Je n'aime que Venise. J'aime tout de Venise. J'aime à Venise tout ce que les gens aiment et tout ce que les gens n'aiment pas.

J'aime l'odeur, la pourriture de l'odeur de Venise.

J'aime l'exiguïté de ses salons de thé et de ses chambres à coucher.

J'aime ses immenses salles de bal qui jouxtent, dans les palais, les petits corridors où s'accrochent des tableaux.

Oui, c'est moi qui suis à Ca'Rezzonico cachée dans les teintures invisibles où circule l'espace-temps.

Attention ! Soyez prêts. Les musiciens sont là, le bal va s'ouvrir. Claudia Cardinale entre au bras de Burt Lancaster. Elle défie temps et espace, comme dans *Le Guépard* de Visconti.

Un bal d'un temps où les touristes dévastateurs n'avaient pas remplacé les habitants.

Lui

Touriste toi-même !

J'en conviens, tu voues à Venise un amour absolu, semblable à celui que les pèlerins portent aux villes éternelles. Il y a en toi une volonté d'habiter Venise ou d'en être habitée que j'ai rarement rencontrée. Sauf peut-être chez l'un de nos charmants voisins, décédé depuis quelques années. Il avait subi avec succès une transplantation cardiaque. Son seul regret : ne pas avoir pu récupérer les cendres de son ancien cœur pour aller les jeter du pont de l'Académie dans les eaux du Grand Canal.

Quant aux films que Visconti a tournés à Venise, tu veux sans doute parler de *Senso* ou de *Mort à Venise*. *Le Guépard*, c'est en Sicile que ça se passe.

Elle

J'aime le grand escalier de Ca' Rezzonico, sa librairie, comme j'aime le panier rempli de légumes et de fruits odorants d'un Vénitien rentrant du marché aux Poissons. À Venise, toutes les senteurs s'entremêlent, des plus triviales aux plus raffinées. Comme dans *Le Rhinocéros* de Pietro Longhi, un petit tableau que j'adore. On y devine que le parfum poudré des courtisans et courtisanes masquées qui le contemplent recouvre à peine l'odeur des crottes du monstre.

Venise n'est pas une ville fantôme réservée aux étrangers mais plutôt la cité ouverte à la beauté du monde. J'y puise force et courage. Venise est une ville d'hommes qui attire les femmes et leurs amants.

J'aime l'orgueil de la Sérénissime. Elle attend le retour des navires chargés de richesse et de pierres précieuses qui seules peuvent effacer la misère du monde.

« Vois sur ces canaux dormir ces vaisseaux dont l'humeur est vagabonde. »

Amour malade

La dernière fois que nous sommes allés à Venise, c'était en janvier 2018. Un brouillard épais recouvrait les Zattere. On ne pouvait plus distinguer la terre de l'eau ni l'eau du ciel. Tes pas redoublent dans le silence. Nos pas me rapprochent de toi, le sais-tu seulement.

Lui

Ah, Venise ! Notre Venise ! Que de week-ends n'y avons-nous pas passés, surtout l'hiver, pour en goûter, amoureux et solitaires, le romantisme sépulcral ! Ah, le Grand Canal noyé dans la brume, contemplé du Rialto ! Wagner y trempa sa plume pour écrire *Tristan et Yseult*. Ah, notre chambre douillette à la Calcina où descendaient Ruskin et Proust, et sa vue imprenable sur la Giudecca ! La même que Sollers, répétais-tu chaque fois.

Et les Longhi, les pierrots bondissants de Tiepolo à la Ca'Rezzonico ! Les Giorgione de l'Academia ! Et le *Saint Georges et le Dragon* du Carpaccio à la Scuola di San Giorgio que nous venions contempler en pèlerinage comme François Mitterrand ne manquait jamais de le faire !

En fait, je n'en peux plus de Venise, de la chaise où Sollers pliait son pantalon, de la Dogana, le *Bon Marché* de l'art contemporain, temple néochic pour *middle class* snob, du marché du Rialto où se retrouvent en loden et Burberry, pour déguster du poisson frit et du vin blanc, les vrais Vénitiens, des

Bellini du Harry's Bar, et des inévitables intellos fantômes à têtes de zombie qui viennent chercher au Florian un refuge, tandis que la bise de novembre glace une place Saint-Marc lugubre et vide. Plus jamais Venise, tu m'entends ! Plus question de patauger en bottes Aigle dans les eaux glacées de l'Acqua alta ! Au diable ce cloaque gentrifié, cette Atlantide de pacotille qui s'envase dans le remugle puant de ses égouts ! Qu'on l'assèche, qu'on la bitume et qu'on n'en parle plus !

Elle

Hihihi hihi hihihi.

Lui

Tu vois, je peux encore te faire rire.

Elle

Et même me rendre heureuse, comme quand tu m'as fait découvrir l'île d'Yeu.

Lui

En fait, je ne connaissais pas plus cette île que toi. Ton amie Marianne m'avait invité dans la maison qu'elle y possédait en juin 2016, pour que je puisse y travailler tranquillement à mon roman. Je suis parti avec elle.

Le trajet pour arriver à destination n'est pas des plus simple, sauf si, comme le roi des Belges qui y réside souvent, on dispose d'un jet privé. Il faut prendre un train à Paris, puis un car à Nantes, en s'évertuant à faire concorder cette partie SNCF avec les horaires du bateau qui se prend à Fromentine. Mais il suffit d'une vache endormie sur la voie entre Angers et Nantes, d'un trop-plein de neige sur les caténaires de nos fragiles TGV, d'une grève impromptue ou d'un avis de tempête, pour que naissent les incertitudes d'arriver à bon port, sur l'île.

J'ai immédiatement adoré ces difficultés. Il est aujourd'hui si facile d'aller au bout du monde ! Je trouve merveilleux qu'on puisse encore croiser des circonstances aléatoires en se déplaçant en France sur cinq cents kilomètres. Car la sensation de voyager ne peut exister sans un soupçon d'imprévu.

Qu'allais-je trouver là-bas ? Je me faisais l'idée d'un austère caillou fait pour accueillir la disgrâce de Pétain. Je découvre un paradis verdoyant et fleuri, piqueté de maisons basses et blanches aux volets bleus, devant lesquelles paradent des escouades de roses trémières, des villages de hobbits aux venelles moussues, un morceau de Grèce transplanté dans l'Atlantique, un morceau d'Irlande avec une pointe d'accent du Sud.

L'île a échappé aux promoteurs salopeurs : l'architecture des maisons est sous contrôle, les bords de mer inconstructibles sont laissés aux plages, à la lande, aux récifs granitiques. On sent une intelligence collective à l'œuvre, soucieuse d'y aller doucement – malgré le déferlement touristique de l'été – pour préserver autant que possible quelque chose de précieux et de beau. Des gens vivent ici qui ne veulent pas qu'on les détruise. J'ai tout de suite compris et approuvé.

Tu es venue en septembre, à la période magique où l'île, dans la lumière encore estivale, retrouve, les vacanciers partis, sa respiration naturelle. Tu t'y es plu. Nous nous sommes mis en quête d'une maison que nous avons trouvée assez vite.

Elle

Une maison labyrinthe au milieu du port. Nous voici à la fois cachés et exposés. Quand nous entrons, l'un à la suite de l'autre, dans la grande pièce, un rapide coup d'œil nous convainc : oui, c'est elle, c'est notre maison. Le lendemain, Marianne visite et confirme. Jeux de rêves entre nous trois.

La maison a deux entrées sur deux rues perpendiculaires. En son centre, cerné de murs blancs, de volets et portes bleues, un jardin minuscule mais suffisamment grand pour permettre aux rosiers de s'accrocher à l'immense glycine, « la plus belle de l'île », comme l'affirme le jardinier. Les effluves et les bourdons naviguent d'un massif à l'autre ; ne manque plus que le rosier à mon nom, et tu pardonneras, cher lecteur, à ma vanité, de citer ainsi celles des roses les plus odorantes et les plus flamboyantes de notre roseraie miniature.

Je vois bien comme tu es attiré par cette profusion de couleurs, d'odeurs, de tailles, de la jolie ronde des roses trémières jusqu'au mimosa qui ne demande qu'à prendre de plus en plus de place.

Te voilà déjà prêt à tailler, attacher, nettoyer, planter, du plus petit des arbustes aux plus envahissants des bambous ; mais pour que le mariage des plantes et de l'homme s'impose, il te faut marquer plus fort que le jardin : ce sera la peinture. Je ne t'avais jamais vu t'atteler à la peinture d'une maison ou d'un appartement. Mais ici, à Yeu, c'est comme un examen de passage : on peint. On peint surtout les volets et l'extérieur des maisons. Et si le bleu est la couleur dominante pour les volets, d'autres couleurs acidulées – jaune, rouge, vert, rose – apportent de gracieuses fantaisies aux rues étroites. On dit que les marins peignaient les volets avec les restes de peinture des coques de leurs bateaux. Et d'un bateau à l'autre, les couleurs des coques variaient.

Lui

Pour aller du débarcadère à notre maison, il nous faut, en traînant nos valises à roulettes, emprunter la rue des Mariés, puis la rue du Secret et la rue du Paradis. L'enchaînement de ces trois noms résonne en moi comme l'annonce d'une prophétie intime formulée de longue date et qui viendrait s'accomplir ici. Avons-nous, en nous mariant, trouvé dans cette île le secret qui mène au paradis ? Je me récite les quelques vers, appris par cœur il y a bien cinquante ans, de mon poème favori : *To an Isle in the Water* de W. B. Yeats :

Shy one, shy one,
Shy one of my heart,
She moves in the firelight
Pensively apart [...]
To an isle in the water
With her would I go [...]

La timide élue de mon cœur qui se tient à l'écart, pensive dans la lumière de la flamme, c'est toi, bien sûr. Comment aurions-nous pu ne pas nous rendre heureux tôt ou tard sur une île.

Île, c'est comme « il » avec un « e », comme moi protégé contre toute atteinte par la vertu féminine de l'eau. À peine ai-je quitté le rivage du continent que la solitude qu'il m'impose dans son tumulte, comme une malédiction, devient une bénédiction. Me voilà, dans l'isolement insulaire, heureux d'être moi seul.

Quand nous pouvions encore nous éloigner l'un de l'autre, j'ai passé de longues semaines d'hiver à Yeu sans que, hormis toi, personne me manque. J'ai un talent affirmé pour la régression intra-utérine en milieu marin.

Quelle chance nous avons eue de trouver ce refuge ! Ce monde faisait, avant le grand silence du confinement, tant de bruit en s'écoutant mourir ! En embarquant pour Yeu, nous le laissions derrière nous. Il suffisait d'un bras de mer pour que son vacarme disparaisse et nous rende à la paix qui fait la vie douce.

Ton amie Marianne ne voulait pas que – ton rayonnement médiatique aidant – tu fasses trop parler de l'île qu'elle voulait partager avec ceux qu'elle aimait, sans que le secret de sa beauté s'évente.

Quand elle a quitté Yeu pour venir mourir à Paris, j'ai fait le trajet avec elle. Marianne dormait sous morphine, dans le train en face de moi, le bras gauche replié pour soutenir sa tête. Je la regardais et me disais : « Pars en paix. »

Zut. On avait dit pas de tristesse dans ce chapitre.

Elle

Ici les balades sont des contes de fées. On passe d'un sous-bois à une prairie, on traverse une forêt d'eucalyptus tandis que les arbres, tels des dragons paisibles, viennent s'épancher au bord de l'eau et de l'écume.

Je vais me baigner à la plage qu'on appelle Les Sapins. Elle est à l'opposé de la côte tourmentée, tournée vers le large. Cette large bande de sable ocre en demi-lune s'encastre entre deux blocs de granit noir au pied d'un grand bois.

La plage d'avant se nomme Les Mouettes, ce qui est assez banal, et celle d'après Les Ovaires. D'où lui vient ce nom, nul ne sait. Il y a sur l'île une trentaine de plages aux noms imprévus, où s'exprime librement l'imagination des insulaires.

Ici on prend le temps de jouir de la vie à son rythme. À vélo, d'abord. Tu es beau sur ton vélo : bien droit, hilare, joyeux. Une joie renforcée par le moteur de la bicyclette. Tu es beau sur ta bicyclette électrique magique : pas d'effort, juste des balades plus longues qu'avec la mienne et des pirouettes pour me faire rire.

Ici je retrouve mes vacances d'enfant. Je me rappelle combien on aimait jouer dans la vase à Arès, aux confins du Bassin d'Arcachon. À marée basse nous tracions des fleuves et des barrages puissants qu'aucune force ne pouvait retenir. De temps en temps surgissaient des crabes aux pattes rouges, des « étrilles ».

C'est drôle. Le souvenir de ce nom revient d'un coup, comme s'il n'était jamais sorti de ma tête. Entre filles, on jouait à « même pas peur » pour impressionner les garçons. Le plus âgé d'entre eux plongeait sa main dans le seau où croupissaient les crabes et son teint devenait blême comme s'il allait vomir. Il s'appelait Daniel. Il se contentait d'un sourire qu'il voulait sardonique.

L'année suivante, il ne jouait plus avec nous : il avait hérité d'une bicyclette pour garçons, toute neuve, dont il s'amusait à lâcher le guidon. Je ne cachais pas mon admiration : le vélo, c'était plus classe que les crabes. Mais à force de tourner en rond sur lui-même, il avait fini par tomber. Cette fois non plus, il ne pleurerait pas, mais il s'était relevé avec la même grimace de héros fatigué.

Lui

Moi aussi j'ai eu un vélo, quand j'étais petit. Un beau vélo rouge. Moi aussi je lâchais le guidon. J'avais même, pour faire le cow-boy ou le Ivanohé, attaché une ficelle à chaque poignée que j'utilisais comme des rênes équestres. Hoho, tout doux le vélo ! Yaha au galop, le vélo !

Elle

Nous voici, ma fille aînée, son tout jeune fils – il a deux mois et demi – et moi, sur ma plage préférée, au bout d'un bois de grands conifères, face à l'Océan. Très peu de monde pour profiter du chaud soleil de ce septembre. Nous sommes heureuses d'être là comme si telle était notre place éternelle.

Je vois deux femmes qui descendent lentement vers la plage. L'une est ma mère, ou bien est-ce moi, et l'autre ma fille. Ma mère, comme moi, petite chose fragile au pas hésitant. Dieu sait que je tremble en écrivant ces quelques lignes. Mais je continue. Elle donc, ma mère – ou moi –, légèrement recroquevillée sur elle-même, regarde avec admiration la démarche chaloupée de ma fille qui porte son bébé sur la hanche. J'éprouve une fierté un peu ridicule d'avoir fabriqué cette personne-là qui veut arriver au bord de la plage pour faire goûter l'eau salée à son fils.

Il a un cri bref quand ses petits orteils touchent l'eau. Elle rit de tout son cœur mais s'arrête aussitôt en écoutant le cri étouffé de son petit qui tend les bras vers moi. Vite ! Elle court l'envelopper de sa grande serviette, le frotte tant qu'elle peut pour chasser le froid. Nous rions toutes les deux, pas longtemps. Le petit réclame sa mère. C'est le baptême de la mer.

Lui

L'île d'Yeu t'offre un baptême marin. J'y vis à la même période des retrouvailles aussi intenses qu'une renaissance. Car Clémentine ma cadette, ma disparue, est revenue.

Sa mère, jeune Sénégalaise, avait fui avec elle le désastre de notre couple il y a quinze ans, pour retourner vivre à Dakar. Clémentine avait trois ans. J'y suis allé deux à trois fois par année. Je retrouvais ma petite fille, sous surveillance maternelle dans un hôtel, en face de l'île de N'gor. J'avais droit à des visites encadrées : pas question que Clémentine voyage seule avec moi.

J'ai encaissé dix ans puis je me suis lassé et j'ai renoncé au tourisme parental forcé. J'ai dit : Ou Clémentine vient, ou je ne reviens pas. Elle n'est pas venue. J'ai mâchonné mon chagrin, saupoudré de rage et de résignation. Je rédigeais à son endroit ou à celui de sa mère des diatribes que je n'envoyais jamais. J'ai bien fait. Après avoir passé son bac avec mention, Clémentine m'a fait savoir qu'elle viendrait étudier en France et qu'elle souhaitait me revoir.

Quittant Yeu, je suis venu la chercher à Paris. Je l'ai attendue dans la gare sans pouvoir m'engager sur le quai. Son train est arrivé. Tout le monde est sorti mais je ne la voyais pas. Elle m'est apparue dans la foule clairsemée des voyageurs. Une grande et belle girafe qui se débattait là-bas sur le quai, au milieu d'un nombre ingérable de sacs et de valises.

Nous sommes tombés dans les bras l'un de l'autre aussi naturellement que si elle rentrait de week-end. Je ne l'avais pas vue depuis cinq ans. Tout en elle avait changé, sauf sa beauté, immuable depuis le jour de sa naissance.

J'étais tellement ému que, dans l'escalier de la maison, je me suis – sans qu'elle s'en aperçoive, j'espère – pissé dessus.

Elle

C'est le printemps, nous déjeunons sur la terrasse avec mon autre fille, le mimosa est en fleur, la glycine aussi ; le chat n'en revient pas de ce nouveau bonheur que, enfermé à Paris, il croyait à jamais perdu. Il gambade autour des herbes et du persil. Thomas chantonne dans la cuisine en préparant des langoustines-mayonnaise. Au moment où nous prenons place devant le buisson rose et blanc des langoustines qui ne comprennent pas pourquoi une simple séance de bain vapeur a si mal tourné, ma fille me regarde d'un drôle d'air. Tout le monde s'assoit pour le déjeuner, sauf elle. Je regarde et je pousse un cri de joie. Je comprends qu'elle est enceinte à son tour.

Son bébé naît en février 2020, avant le confinement : c'est, quand elle débarque, une petite fille avec une drôle de bouille, comme l'a été, à la naissance, sa mère. Ma fille est née avant terme dans des conditions difficiles. Je me souviens de ses grands yeux noirs qui me fixaient avec curiosité, à travers la vitre de la couveuse. Son intérêt pour les naissances date-t-il de cet instant, à la fois intense et incertain ? Aujourd'hui, elle est sage-femme. Elle a fait naître des centaines d'enfants avant de devenir mère à son tour.

Ma petite-fille est là, elle vient d'arriver, dans quels limbes nous attendait-elle ? Je l'ai tenue dans mes bras à l'hôpital. Je l'ai vue, je t'ai vue et j'étais bouleversée.

Sa mère me tend cette si petite fille. Et par ce geste, cette offrande, j'ai su que je devrais à partir de ce jour veiller sur elle. Nos regards se sont croisés et j'ai été tétanisée par ma responsabilité. Maintenant qu'elle est là, je peux disparaître et retourner dans les limbes où baignent les petits enfants.

Elle bouge dans mes bras lentement, tendrement, tendue vers moi, et nos regards se sont rencontrés encore une fois. Quoi qu'il arrive, nous veillerons l'une sur l'autre.

Lui

Plus nous perdons pied – pataugeant dans ta maladie –, plus d'enfants nous arrivent : ma fille Clémentine, tes deux petits-enfants, et le fils encore à venir dont mon aînée m'a annoncé la naissance pour mai 2020. Ainsi fait la marche en avant du vivant, qui investit toujours plus sur les suivants que sur les précédents. Il est temps – je l'ai compris à Varanasi au bord du Gange – d'admettre que la vie s'intéresse beaucoup moins à moi que moi à elle.

Que tous ceux qui s'imaginent qu'elle leur a aménagé après la mort un petit coin de paradis où ils pourront, comme sur Facebook, dilater à l'infini leurs ego se raisonnent : ça ne va pas se passer comme ça.

La vie nous éconduit, elle a besoin de place pour ceux qui nous succèdent. L'élégance consiste à sourire, en se faisant sortir, à ceux qui naissent pour nous remplacer. Ça me va, je souris.

10

Frontière barbare

Lui

(Ruminant son Marc Aurèle, une nuit d'insomnie parmi d'autres, pendant le confinement.)

Les Romains nommaient « barbares » les peuples qui se trouvaient à l'extérieur du *limes* – la frontière de l'empire – dans le *Barbaricum,* « la terre des barbares », là où cessait de s'exercer l'autorité impériale.

Marc Aurèle, l'empereur philosophe stoïcien, meurt en 180 à la frontière danubienne de l'empire, alors qu'il combattait pour contenir au-dehors de la *Pax Romana* je ne sais plus quel envahisseur caché dans les forêts profondes. La peste ou la variole l'aurait emporté, à moins qu'il n'ait été – comme le suggèrent l'historien romain Dion Cassius, puis le premier quart d'heure de *Gladiator** – empoisonné par son fils Commode.

Assassiné ou non, Marc Aurèle se devait, pour devenir une figure de légende, de mourir là et tel qu'il est mort : lucide, impérial, garant guerrier des

* Un film de Ridley Scott sorti en 2000.

frontières, maître de lui comme de l'univers, pour paraphraser Corneille.

L'empire sur soi et l'imperium politique se rejoignent dans cette dernière grande figure de la *Pax Romana*, comme la pièce qui manquait au puzzle pour que le tableau soit à jamais parfait. Qu'il soit empereur ou simple mortel, qui règne sur soi règne sur un monde que la barbarie – la violence ingérable venue du dehors – ne peut atteindre.

J'aimerais tant que ce soit vrai, qu'il existe sur Terre ou dans mon cœur un lieu que les barbares ne puissent saccager. Idiotie. Tout peut être saccagé. Y compris cette sombre pensée et la tête pensante qui l'accueille.

Dans la foulée du texte où il assigne à la philosophie la tâche de défendre, par tous les moyens dont dispose l'esprit, l'empire sur soi-même – ce que j'appelle au chapitre 7 de ce livre, un « baptême de soi par soi », Marc Aurèle écrit : « À supposer qu'un homme vive longtemps, il demeure incertain si son intelligence restera pareille et suffira dans la suite à comprendre les questions et à se livrer à cette spéculation qui tend à la connaissance des choses divines et humaines*. »

L'empire sur soi-même a, comme l'empire tout court, sa frontière où s'amassent les menaces barbares. Quades, Vandales, Sarmates, Alains,

* Marc Aurèle, *Pensées pour moi-même*, livre III, chapitre 1.

Gépides, Hérules, Burgondes, Alamans, Pannoniens (j'adore ces noms) déferleront sur Rome. Vieillesse, décrépitude, sénilité, amnésie, retour en enfance saccageront les forteresses intérieures où nos sagesses espéraient échapper aux vicissitudes turbulentes du monde.

C'est moi qui invente cette histoire de barbares du dedans et du dehors. Marc Aurèle se contente d'effleurer la question : que reste-t-il du pouvoir sur soi quand on n'a plus celui d'être soi ? Comme il apporte, sans s'y étendre, la seule réponse qui vaille, du moins dans l'Antiquité.

« La faculté de disposer de soi, de discerner avec exactitude tous nos devoirs, d'analyser les apparences, d'examiner même s'il n'est point déjà temps de sortir de la vie... cette faculté, dis-je, s'éteint la première*. »

« ... examiner s'il n'est point déjà temps de sortir de la vie » est une question qu'il faut trancher avant de perdre les moyens de le faire. Les Hébreux assiégés à Massada préfèrent se donner tous la mort plutôt que de passer sous le joug romain. Le sage saura lui aussi préférer le suicide au siège que lui fait la sénescence.

C'est la voie qu'a choisie – poursuivi par la haine assassine de Néron – le stoïcien Sénèque. Il demanda, les veines ouvertes et pour hâter sa fin, qu'on lui donne à boire cette même ciguë qui

* *Idem.*

avait emporté Socrate. Se donner la mort serait la manière la plus philosophique de se donner à soi-même ?

C'est indéniable : il y a une relation plus qu'intime entre la conscience de soi et le suicide ; celui qui décide d'éteindre sa propre lumière intérieure vient, au moment d'actionner l'interrupteur, plus près de lui-même et de sa liberté qu'aucun philosophe ne peut l'espérer.

Il en va parfois de même pour les amants : ceux qui choisissent de rester à jamais au plus près l'un de l'autre – quelque accident que l'âge ou la maladie leur infligent – peuvent décider de disparaître ensemble, afin d'empêcher que la mort de l'un sans l'autre mutile leur amour.

Ce fut le cas de Georgette et Bernard Cazes, ceux que la presse avait surnommés « Les amants du Lutetia », du nom de l'hôtel où ils se sont suicidés ensemble en novembre 2013 – comme c'est loin déjà – après s'être aimés pendant plus de soixante ans. En choisissant de mourir ensemble pour refuser de vivre séparés, ils me donnent la preuve éclatante d'un stoïcisme amoureux où les corps qui ont vieilli peuvent se transmuer pour se joindre en un esprit unique qui brave la mort en se la donnant. Nous n'allons pas, semble-t-il, ni toi ni moi dans cette direction, devant la décrépitude qui menace, nous nous conduisons en enfants de notre temps : notre salut ne viendra ni des prêtres, ni des philosophes guerriers d'autrefois. À vrai dire, le salut ne viendra pas. Nous lui avons substitué l'attente d'un soulagement et nous attendons des médecins et d'eux seuls qu'ils y travaillent, jusqu'à nous soulager de notre propre mort.

Le médecin est devenu – pour toi et moi comme pour tout le monde – notre seul officiant, voire, comme l'a montré la pandémie, notre seul héros. Lui seul peut nous protéger des destructions que nous voyons s'opérer en nous. Et quand elles seront achevées, la mort viendra saisir, grâce à leur sollicitude médicamenteuse, quelqu'un – toi ou moi – qui n'est pour l'essentiel depuis longtemps plus là, ni pour les autres, ni pour lui-même.

Je ne veux pas m'étendre – ta pudeur m'y oblige – sur les efforts que nous déployons, avec le soutien du corps médical et de ses représentants les plus éminents, pour espérer que le mal qui te ronge nous accorde un sursis. Tu es depuis six ans sous traitement quotidien. Ça te fait du bien ? Ça t'affecte autant que ça te soigne ? Les deux, mon général.

Nous sommes fréquemment allés à Strasbourg, l'an dernier, dans le cadre d'un test clinique d'envergure portant sur un médicament dont on attend beaucoup. Ça a marché ? L'étude durera trois ans et on ne sait pas si tu as reçu la molécule ou son placebo.

Aujourd'hui, ton neurologue te propose d'essayer la photobiomodulation. On t'a mis sur la tête un casque recouvert de plots semblables à des *bumpers* de flipper qui clignotent en rouge. Ça ne fait pas mal : les infrarouges, le rayonnement laser et les champs magnétiques qu'on t'envoie dans la tête sont indolores. Ça va marcher ? Les inventeurs nous assurent que le dispositif accélère la pousse des poils chez les souris de laboratoire, aide les cosmonautes revenus de l'espace à reprendre du poil de la bête et permet aux rugbymen de se remettre des commotions qu'ils s'infligent. Pour la maladie à corps de Lewy, on verra, on verra bien, comme le dit une chanson dansante de l'Orchestra Baobab.

Je ne voudrais pas terminer ce tour de piste des thérapies auxquelles tu te soumets sans citer ton kiné, ton orthophoniste, ton prof de gym, ton psy, tous dévoués et sympathiques. Les soins attentifs de cette industrieuse cohorte te rassurent et te font beaucoup de bien.

Ils ne me dispensent pas pour autant de voir la même question revenir me hanter encore et encore : Si c'est moi qui reste, que ferai-je du reste de ma vie ? J'ai vu l'année dernière un ami cher, universitaire reconnu, déclarer devant le cercueil de celle qu'il aimait, j'ose dire à en mourir :

— Il ne me reste plus que deux choses à faire : pleurer et travailler.

Son cœur en a décidé autrement : il a cessé de battre un mois après qu'il eut mis celle qu'il aimait en terre.

Comment survivre à ceux qu'on aime ? Orphée parvient presque à tirer Eurydice des enfers. Mais il commet l'erreur – par trop d'amour – de se retourner parce que, au moment de retrouver la lumière du jour, il n'entend plus ses pas dans l'ombre, derrière lui. Je n'ai pas besoin de me raconter cette fable. Je sais que si je descends marche après marche avec toi vers l'enfer, et si j'en reviens, ce ne sera que seul.

Cette nuit, je ne peux plus fermer l'œil malgré la paix – inhabituelle, bouleversante, rassurante, si merveilleusement silencieuse – que le confinement a répandu sur le monde des braillards colériques pétaradants et toxiques que nous sommes devenus. Je n'arrive pas à me remettre du désastre que tu viens tout juste de m'infliger.

Il y a une heure, à tes côtés, je me suis cru dans *L'Exorciste*, le film terrifiant de William Friedkin qui nous montre une gamine possédée par le démon. Le plus angoissant pour moi dans ce film, c'est cette voix masculine, métallique et mauvaise qui sort de la bouche de la petite fille pour proférer d'obscènes imprécations, avant que la violence de la possédée ne se déchaîne sur tous ceux qui l'approchent.

Sans te réveiller, tu t'es agitée de plus en plus violemment, et subitement tu as perdu ta voix familière. Disparu le suave gazouillement qui fait ta marque de fabrique. Tu vocifères en dormant d'une voix méchante, nasillarde, d'où s'est effacée toute envie de plaire, de charmer, de convaincre, une voix mauvaise. Je dirais, si je croyais à l'occulte, une voix maléfique.

Dans le flot boueux des injures que tu vomis, j'en reconnais certaines à caractère raciste qui sont adressées à ma fille Clémentine, que tu as pourtant accueillie au sein de notre couple, pendant le confinement, avec une exceptionnelle gentillesse. En même temps, tu me roues de coups avec une violence que ton manque de force physique rend aussi pitoyable que terrifiante. Finalement, tu retrouves, sans t'être réveillée, un sommeil paisible, m'ayant pour le reste de la nuit définitivement privé du mien.

J'ai toujours trouvé désuet que le mot démence soit associé au mal dont tu souffres, et qu'on nommait, hier encore, démence à corps de Lewy. Depuis cette nuit, je comprends mieux pourquoi.

À chacun ses barbares. Le mien, parfois, c'est toi, surtout la nuit. Car je t'ai vue tremblante, hésitante, confuse, angoissée le jour, mais jamais possédée comme tu peux l'être, en plein sommeil, quand la rage somnambulique s'empare de toi.

La terreur que tu m'inspires finira-t-elle par triompher de notre amour ? On dit de ton mal qu'il peut te conduire – quand il s'aggrave – à me prendre pour un autre, pour le sosie malveillant de celui que tu aimes encore, malgré l'imposteur qui a pris sa place.

Mais moi aussi je te vois devenir une autre, au point, parfois, de ne plus te reconnaître, comme cette nuit quand tu étais, comme on dit, hors de toi. Dans les grandes crises, comme au quotidien, où elle te fait vieillir en accéléré, ta maladie nous transfigure – moi à tes yeux, toi aux miens. Elle nous rend, nous qui étions pourtant si proches, étrangers l'un à l'autre. Notre belle mécanique amoureuse se détraque. Nous coulions pourtant l'un de l'autre comme de source. Mais la source semble, par à-coups, se tarir.

Seule la mort – nous en étions tacitement convenus – pourrait nous séparer. Or nous voilà, quoique vivants et côte à côte, trop souvent perdus l'un pour l'autre. Subsistent des élans de tendresse, des sourires qui rassurent. Et, la nuit, quand tu dors paisible, la chaleur de nos corps nous protège de l'abîme. C'est peu, mais on vit de peu quand il n'y a rien à espérer. C'est ainsi que je t'aime désormais, car je t'aime, malade ou pas : j'aime de nous deux le peu qu'il en reste.

Et, pour tenir, je me fais une morale. Elle tient en une maxime : face au pire, ne perds pas ta contenance. Contiens ta peur sans qu'elle te détruise, comme tu tiendrais à bout de bras, loin de ton corps, le serpent qui se tord de rage, faute de pouvoir te mordre.

De la forteresse de mon quant-à-soi, je guette jour après jour l'aggravation de ta maladie, comme on guette un ennemi contre lequel on ne peut gagner qu'une défaite.

Je ne suis pas un combattant, je n'ai jamais été formé à la nécessité de me battre contre qui ou quoi que ce soit, je l'ai déjà dit. Mais après ce que tu m'as montré de toi cette nuit, je vois bien qu'il me faut partir en campagne, avec, pour tout barda, les battements de mon cœur affolé.

Nous avons rencontré Philippe D. ensemble, il y a un an et demi. Il avait monté une association pour faire connaître et reconnaître la maladie à corps de Lewy auprès des soignants, soutenir les malades et les aidants, faire avancer la recherche et les thérapies. Tu deviens la marraine de l'association.

Philippe est un militaire de haut rang. Il met au service de son association les compétences et les talents d'organisateur qui lui ont permis de commander, à la fin des années quatre-vingt-dix, la base la plus importante de l'Aéronavale. Il sait aussi faire fonctionner de très grosses machines à dévastation, comme une escadrille de chasse armée en nucléaire sur un porte-avions, par exemple.

Mais ce n'est pas le dévastateur que j'ai rencontré : plutôt le dévasté. Il a perdu sa femme, emportée par la MCL en deux ans. Il m'avouera n'avoir, dans toute sa carrière militaire, jamais eu à subir aussi dure épreuve que celle-là. Il m'a aussi confié le journal qu'il a tenu pendant la maladie de son épouse. J'ai mis plus d'un an à l'ouvrir, préférant faire l'autruche, un animal capable de retrouver de l'espoir en se cachant, pour ne pas voir, la tête dans le sable.

Je l'ai finalement lu, après ta nuit barbare. C'est le journal de bord d'un marin qui conduit l'être cher dont il a la charge à bon port. Bon port ici, c'est bonne mort. Tout ce qu'on peut faire pour écouter, entendre, alléger, soulager, il le fait. Il décrit très précisément l'évolution de la maladie de sa femme, mais – ça m'a frappé – il dit très peu de chose sur lui-même. Il est vrai que, dans l'armée, on n'apprend pas à se plaindre. À peine s'il signale qu'il porte vers la fin de leur calvaire une minerve et une ceinture dorsale, signe de la tension énorme qu'il a dû supporter. Tout le contraire de moi qui me scrute dans ce que tu souffres, qui m'écoute dans ce que tu endures, sans doute, pour partie, par refus de t'entendre.

Philippe D. écrit à propos de l'épreuve que la maladie fait traverser à son couple : « Nous avons souffert, nous nous sommes battus contre un adversaire à qui la victoire était acquise mais nous avons essayé de vivre ces dernières années le mieux possible. Ce fut très difficile mais il y a eu des grands moments, et même des moments de bonheur. Nous avons renforcé nos relations avec nos proches, et des amis lointains sont devenus de vrais amis. Pendant toute la maladie, c'était bien l'âme d'Élisabeth qui était présente dans ce regard perdu et inquiet. Nous sommes restés unis. »

C'est quasi impossible d'accepter que l'homme ou la femme de votre vie, celui ou celle dont on pense que personne ne peut prendre la place puisse devenir une autre qui vous prend pour un autre. C'est le côté barbare de la vie. L'ignoble barbarie de la mort lente qui attaque par la tête.

Philippe a survécu à ce naufrage. Il revit avec une nouvelle compagne et continue à se battre pour que cette maladie, mal connue, mal traitée, mal soignée, fasse entendre sa voix. Il avance comme il l'a toujours fait : en se fixant des objectifs qu'il s'efforce d'atteindre, quoi qu'il en coûte.

Sur le groupe de parole qu'il a initié, des voix d'aidantes et d'aidants se font entendre, échappant au silence où les cantonne la surdité de l'indifférence collective. Douleur, affliction, culpabilité, peur de mal faire, honte de ne plus supporter, tissent la partition d'un hymne au désastre qui laisse peu de place au moindre espoir.

En m'entretenant avec lui du désarroi que ta maladie suscitait en moi, je l'ai entendu me dire que, même si – comme il l'avait lu dans un de mes livres – je n'avais jamais eu beaucoup de courage, cette fois c'était la bonne : il ne me restait pas d'autre issue que d'en faire preuve. J'ai entendu la leçon.

Frontière barbare

Je trouve consolant qu'un être formé à donner la mort – un militaire – se batte finalement pied à pied contre elle. Voilà enfin quelque chose qui me fait espérer.

11

Ainsi s'en va le monde

Lui

Et voilà que, enfin, il nous arrivait indubitablement quelque chose. Au début, c'était, comme de coutume, pour les autres, dans une lointaine province chinoise. Puis pour les Italiens – ça se rapprochait –, puis pour tout le monde, ça se rapprochait encore – puis pour nous.

L'actualité nous vient en général par la télé qui rend le lointain proche des yeux en même temps qu'elle l'éloigne en le rendant impalpable. J'ai pu ainsi regarder de mon canapé les Gilets jaunes comme une série enflammée qui passait le samedi entre 14 et 21 heures, sur BFM, et je ne suis pas le seul.

Mais cette fois-ci l'effet distanciant, déréalisant, de l'image d'actualité ne jouait plus son rôle habituel : c'était de nous tous et de nous seuls qu'on parlait. On ne parlait même plus que de ça ; il n'y avait plus d'autre sujet d'actualité que notre unique problème commun : nous étions devenus porteurs et receveurs potentiels d'un virus qui pouvait nous tuer.

Homo homini virus. Tous égaux, tous semblables, tous solidaires, mais pas – surtout pas ! – tous proches : la consigne mille fois répétée fut : « Restez chez vous. » Nous étions sommés de nous tenir loin les uns des autres, à distance respectable de nos semblables et du réel que nous tissions ensemble, jour après jour.

De cette volonté mondialement partagée d'espacement naquit du jamais-vu – sauf dans quelques films de science-fiction, comme *Je suis une légende** – *I Am Legend* – ou, il y a beaucoup plus longtemps, *Le Dernier Rivage*** – *On the Beach*. Un immense espace – notre espace qui n'était plus le nôtre – se déployait devant nous intact, mais sans nos hâtes, nos espoirs, nos frustrations, nos ambitions, nos vacarmes ou nos fiertés, avec une imposante minéralité faite d'avenues infréquentées, de gratte-ciel désertés, de lieux publics abandonnés.

Des monuments à notre absence surgissaient majestueux à chaque coin de rue. Le monde s'était retiré sous l'influence d'une immense marée. Quand et comment allait-il revenir ? Nous n'en savions rien.

---

* Film américain d'anticipation post-apocalytique de Francis Lawrence sorti en 2007.

** Film américain de Stanley Kramer sorti en 1960.

Elle

On avait décidé de quitter Paris pour l'île d'Yeu le lundi 16 mars. Le vendredi 14, Édouard Philippe annonce la fermeture des restaurants et des lieux publics, après celle des écoles. La rumeur d'un confinement général se fait pressante. Le week-end sera celui de l'exode de tous ceux qui préfèrent s'abriter hors des grandes villes dans des lieux plus cléments.

Nous sommes vieux et conscients d'être en danger – car le virus semble affectionner particulièrement les septuagénaires. Pourtant, malgré l'ambiance de bousculade générale, nous nous demandons si nous ne sommes pas un danger pour ceux qui peuplent l'île où nous voulons nous réfugier. Nous renonçons à partir et annulons le dimanche nos billets pour Yeu. Nous avons bien fait : dès le lundi matin, toutes les traversées sont suspendues.

Lui

J'hésitais, j'en conviens, et c'est toi qui as pris la décision de ne pas partir. Non parce que tu anticipais la veille la suspension du trafic maritime. Ta décision – que je partage – avait un autre sens, un autre poids.

L'île d'Yeu a toujours été un refuge pour nous. À chacune de nos traversées, nous jetions en pensées nos chagrins, nos angoisses, nos frustrations et nos déceptions par-dessus bord pour accoster comme purifiés. L'île nous en remerciait : elle nous dispensait ses bienfaits réparateurs parce que nous avions su ne pas y importer nos malheurs.

Nous étions en danger. Raison de plus pour ne pas oublier que nous étions un danger. Il n'y a pas de gloire à tirer de notre décision : elle est normale même si elle n'a pas été, à l'heure des paniques, si courante. C'est un minuscule acte de solidarité que nous devions à ceux qui nous offraient leur hospitalité.

La conscience intime de ce qu'on doit aux autres est la matrice du respect. Mais aujourd'hui même, après deux mois de confinement, des milliers de morts et une économie mondiale en déroute, il semble que tout le monde continue à ne penser qu'au respect qu'on lui doit. Et jamais à celui qu'il pourrait devoir à autrui.

Elle

Je suis allée chercher ce que Jean-Jacques Rousseau pouvait nous apprendre du confinement. Je m'attendais au pire chez ce philosophe toujours prêt à se plaindre. Eh bien, lis ce que je relève dans *Les Rêveries du promeneur solitaire* à propos de son séjour, vers la fin de sa vie, sur l'île Saint-Pierre, au milieu du lac de Bienne :

« Dans les pressentiments qui m'inquiétaient j'aurais voulu qu'on m'eût fait de cet asile une prison perpétuelle, qu'on m'y eût confiné pour toute ma vie et qu'en m'ôtant toute puissance et tout espoir d'en sortir on m'eût interdit toute espèce de communication avec la terre ferme. »

Une apologie du confinement insulaire chez ce grand solitaire, amoureux de la nature qui s'est toujours vécu comme une victime de la méchanceté humaine. Le comble de la sagesse ou celui du désespoir ?

Lui

Sartre dit qu'il ne s'est jamais senti aussi libre que sous l'Occupation. Moi je ne me suis presque jamais senti aussi heureux que sous l'Inoccupation qui a frappé la France et le monde entre mars et mai 2020. Je mesure à quel point ce propos peut sembler indécent à des milliers, voire des millions de mes semblables qui se sont retrouvés dans des conditions difficiles, souvent même intolérables.

Mais je mentirais si je disais le contraire : cette sortie dans le silence des espaces infinis m'a infiniment plu. C'est vrai, j'étais retraité, et cet arrêt global de l'activité ne changeait pas grand-chose à ma condition apparente. Pourtant, en profondeur, elle la transformait de fond en comble. Je n'étais plus un exclu mais un précurseur : des millions de mes semblables de tous âges découvraient qu'il n'est, comme l'indiquait Pascal, pas si facile de se retrouver seul – ou en famille – sans rien faire dans une chambre.

Au milieu du malheur général, j'avais un entraînement d'avance et j'ai, avec ton concours et celui de Clémentine, choisi de prendre les choses du bon côté. D'autant qu'une broncho-sinusite insistante et fiévreuse, accompagnée d'une perte de l'odorat et du goût, me qualifiait peut-être, depuis mi-février, pour le grand départ. Traité aux antibiotiques je suis entré en confinement guéri mais sans savoir si j'avais été ou non contaminé. *Carpe diem*, me disais-je dans le doute.

Quand je mourrai, j'emporterai du confinement le souvenir de moments de grande béatitude. Dieu que le monde des hommes est beau sans eux ! me disais-je. Dieu qu'il est plat dès qu'ils y reviennent !

Avant que la grande suspension ne se déclenche, ça grinçait de partout, comme sur un navire en tempête, au bord de la dislocation. Des images accablantes telles celles d'un tarot maléfique s'agrégeaient dans ma tête en une nuée de mauvais présages.

2020, un chiffre double, mauvais signe, me disais-je, car je vois des signes partout. L'année au numéro fatal commençait d'ailleurs mal : une figure politique très en vue, adepte jusqu'à ce jour du style BCBG le plus irréprochable et qu'on avait coutume de voir apparaître en costume et cravate bleu sombre, se montrait sur la Toile, masturbant un sexe en érection de bonne taille qu'il ne niera pas être le sien.

L'incongruité de ces deux images – l'officielle et l'obscène – suscite en moi un sentiment de gêne douloureux : c'est carnaval tous les jours ; le roi est nu et, de plus, il se branle.

Un psychopathe manipulateur russe – soutenu par un activiste de salon dont j'ai oublié le nom – semble à l'origine de cette farce douteuse.

Le psycho russe apparaît sur Internet et ailleurs, le crâne rasé, le visage émacié, la bouche cousue par une lanière de cuir. Ce visage, plus terrifiant que celui de Hannibal Lecter, trace un sillon d'effroi dans ma mémoire.

Je me souviens aussi d'une jeune Chinoise vue sur YouTube qui extirpe avec ses baguettes une chauve-souris d'un bol de soupe pour l'avaler goulûment, d'un vieux canasson du féminonazisme braillant sa haine des hommes sur une scène rive gauche, tandis que, dans la fumée des lacrymogènes, devant la salle Pleyel où se tenait la cérémonie des Césars, on entendait hurler qu'il aurait mieux valu gazer Polanski, d'un animal fait pour les chaudrons de sorcières, sorte de Godzilla miniature au corps couvert d'écailles… Gros malaise dans la civilisation, me disais-je, devant ce flux d'images cauchemardesques venues se coller dans ma tête.

Et soudain : plus rien, plus un bruit, plus un cri, plus personne. Dans le silence des rues, sous le ciel glorieux du printemps, on entendait le froissement que produisent au contact de l'air les plumes des oiseaux en vol.

Elle

Je n'ai pas du tout vécu cette période du confinement dans une euphorie semblable à la tienne : l'absence des humains et de leur humanité m'a terrifiée. Le silence dans les rues du 2e arrondissement de Paris, à l'heure des promenades autorisées, me glaçait. Je n'avais qu'une hâte, celle de retourner chez nous. Tous les soirs à vingt heures, j'applaudissais les soignants de ma fenêtre avec tous ceux qui, dans notre rue, frappaient dans leurs mains pour déchirer le voile oppressant du silence.

Tu sortais tous les deux jours faire des courses. Tu étais mon seul contact avec l'extérieur. Ce que tu rapportais en vidant ton panier – légumes, fleurs, fruits – me consolait, comme la contemplation de la nature consolait Rousseau.

Et puis, il y avait ta fille, Clémentine, venue se confiner avec nous. Lorsqu'elle surgit sur notre seuil, elle m'ouvre ses bras et j'éclate en sanglots. Elle me murmure à l'oreille :

— Il ne faut pas pleurer, il ne faut pas.

Amour malade

Elle nous a apporté son humanité et sa grâce. Je gardais le souvenir d'une petite fille ravissante. Je découvrais une jeune femme, porteuse de paix et de joie. Un espoir au milieu du désastre.

Lui

Autre source d'espoir : Vladimir. Il naît en mai, à la fin du confinement. Le jour de sa naissance, le ciel est d'un bleu impérial, tant l'air de Paris est devenu pur.

Je reçois dans la matinée l'appel du compagnon de ma fille aînée, Deborah. Il m'annonce que le travail a commencé. Nous nous regardons, toi et moi. Il n'y a plus ni malade, ni sain, ni aidant, ni aidée, ni crise pandémique, ni drame économique. Juste deux vieux rigolards et heureux. Je laisse filer une larme. Mon petit-fils est en train de venir au monde, le jour de ton anniversaire.

J'attends qu'il voie le jour, et l'attente sera longue. Silence de plus, dans le silence d'un confinement qui me tient à l'écart de cette naissance, à la manière de ces Indiens des forêts qui vont au loin couver leur angoisse pendant l'accouchement.

Je patiente comme je peux, miné par l'évidence qu'une vie vient qui va remplacer ma vie. Mon tour est passé, mon compte est bon, ma farce est jouée, ma partition écrite : va naître celui qui me survivra. J'espère qu'il me ressemblera un peu en grandissant, même s'il doit tisser, pour se connaître, le cocon d'une mémoire où j'irai en rapetissant. Qu'importe, je l'aimerai, y compris pour cette raison.

À l'aube, le téléphone sonne : Vladimir est né, je suis grand-père.

Elle

Nos bébés, ton petit-fils et ma petite-fille, sont nés dans le monde du silence. Leurs gestes sont lents, sans heurts, comme s'ils flottaient encore dans le liquide amniotique. Je me souviens d'une rencontre furtive avec ma fille et sa petite-fille dans la cour désertée du Louvre, devant la pyramide. Sur le pont Royal, on entendait la Seine couler. Plus le monde est vide, plus les bébés sont calmes. Nous sommes tous allés au bout du monde et qu'avons-nous appris ?

Lui

On a appris que ce virus nous rendait tous solidaires, les infectants, les infectés, les malades et les biens portants, les jeunes et les vieux, les pauvres et les riches, les gens d'ici et ceux d'ailleurs, les stars et les anonymes, les vivants et les morts, les animaux et les hommes, mais comme d'habitude, on ne sait toujours pas quoi faire de cette évidence.

12

Cerises

Elle

Nous nous promenons tous les deux, avant la pandémie, dans le parc d'Ermenonville. J'avais choisi cette promenade dans l'espoir d'y retrouver la présence de Jean-Jacques mais je n'ai rien trouvé sauf une île, petite, où il a été enterré avant que sa dépouille soit conduite au Panthéon. Ce tombeau est presque abandonné. J'écris « presque » parce que l'âme, son âme, est tout près.

J'imagine que les oiseaux et autres animaux sauvages viennent s'abreuver le soir, au bord du lac qui entoure l'île, en toute quiétude. La nuit revient aux bêtes, pas aux humains.

À l'orée du bois, une biche s'apprête à traverser la prairie qui prolonge le lac. Elle hésite un court instant à braver l'immensité nue. Soudain, elle traverse la prairie droit devant elle ; on devine à peine ses pattes graciles et tremblantes, cachées par l'herbe haute. Elle bondit dans les fourrés et disparaît.

Je m'attendais à une nature mise en scène comme dans les tableaux de Watteau. Il n'en est rien. Personne n'embarque pour Cythère dans des vêtements de soie, pas de décolletés voluptueux, aucune trace des fantaisies de ce temps disparu.

Avec le soir qui tombe, les oiseaux s'égosillent et cachent l'orage qui gronde au loin. Entends-tu, mon amour, ce dernier signe de l'été ?

Je l'imagine, notre Jean-Jacques, bavardant longuement à voix douce avec son amie. Penchés l'un vers l'autre, ils partagent une joie secrète. Elle observe les oiseaux et lui, les plantes. Leur démarche est lente, ils veulent tout comprendre, sont curieux de tout. Dès qu'un oiseau traverse le ciel, ils lèvent la tête, comme s'ils recevaient un signe. Éblouis par les rayons du soleil, ils marchent d'un même pas. Ne les vois-tu pas ?

Le confinement s'achève en même temps qu'apparaissent sur les marchés les premières cerises. Les cerises me consolent de tout. Les petites taches rouges que l'on aperçoit dans le jardin d'Éden, derrière l'Ange de l'Annonciation sur les murs du couvent San Marco à Florence, sont – j'en suis sûre – des cerises. La forme d'un cœur, le rouge du sang, la cerise serait-elle le fruit du paradis ? Ce serait merveilleux qu'on puisse une fois mort continuer à déguster bigarreaux, burlats, cœurs-de-pigeon, griottes, autant de noms et de saveurs divines ! Et dans l'éternité, le temps des cerises ne serait plus aussi court !

Les gestes pour attraper ce fruit merveilleux sont les mêmes que ceux des siècles passés : se munir d'une échelle, grimper dans un arbre, maudire les oiseaux qui les mangent et cueillir les plus mûrs.

Ainsi faisait Jean-Jacques au livre quatre des *Confessions*. Il est monté dans un cerisier et jette aux deux jeunes filles qui l'accompagnent tous les bouquets de cerises qu'il cueille. Elles le bombardent en retour des noyaux des fruits qu'elles ont croqués. L'un des bouquets de Jean-Jacques atterrit dans le décolleté d'une des jeunes filles. Il s'exclame :

« Que mes lèvres ne sont-elles des cerises ! Comme je les leur jetterais ainsi de bon cœur ! »

La précision de Jean-Jacques quand il évoque ce souvenir me trouble : des années après, il n'a rien oublié de ce badinage. Comme me touche sa mélancolie devant le temps passé et les occasions manquées. Il éprouve pour une des jeunes filles une attirance qui s'avère réciproque, mais il ne se passe rien entre eux, hormis dans un échange de regards, après un baisemain furtif, l'idée partagée qu'il aurait pu se passer quelque chose.

À la fin du confinement, nous nous sommes séparés quelques jours, pour nous accorder un peu de répit et reprendre notre souffle. Je suis descendue dans le Gers. Au printemps, les orages y sont fréquents et souvent très violents. Comme ma maladie, ils me ramènent à moi, à la mélancolie, à la peur, surtout à la peur. Est-ce la fin du monde ? Ou la fin pour moi, pour nous ?

L'eau dégouline le long des rigoles débordantes de l'aile nord de la bâtisse où j'écris. Le Gers est magnifique sous la pluie. Je voudrais te montrer la douceur du paysage balayé de coups de tonnerre. Je voudrais courir dans la prairie près de toi...

Nous ne nous quitterons pas. Tu resteras près de moi. Nous roulerons dans l'herbe tendre. Nous franchirons le seuil de l'interdit. Plus personne ne nous reconnaîtra. Nous serons les seuls à sentir la terre, à fouler la terre. Là est le bonheur, si loin, si près, si je peux... J'ai froid, j'ai toujours froid. Le grondement de l'orage s'éloigne. L'herbe à nouveau sent bon. Le vert des arbres est devenu plus foncé. La paix du ciel nous englobe.

Le ciel s'éclaircit aussi vite qu'il s'est assombri. La pluie a nettoyé l'horizon et les Pyrénées se détachent au loin dans leurs moindres coins d'ombre.

Comment sera la vie dans le siècle qui s'annonce ? Faudra-t-il se battre contre de nouveaux virus ? Aura-t-on le droit de manger des cerises ?

Post-scriptum

Lui

Dans ce livre, ce que tu écris, tu l'écris seule, parfois avec mon aide, aux moments où la maladie ne t'égare pas.

Car ta maladie est fluctuante : à certains moments elle est là, à d'autres, elle semble avoir disparu. J'y insiste : sans ces fluctuations tu n'aurais pas pu écrire une ligne. Et derrière chaque phrase que tu couches sur le papier, il y a toutes celles, perdues dans l'abîme, que tu n'as pas pu prononcer.

Table

MIXTE
Papier issu de sources responsables
FSC® C003309

L'éditeur de cet ouvrage s'engage dans une démarche de certification FSC® qui contribue à la préservation des forêts pour les générations futures.

Pour en savoir plus :
www.editis.com/engagement-rse/

Cet ouvrage a été achevé d'imprimer sur Roto-Page par l'Imprimerie Floch à Mayenne en octobre 2020
Dépôt légal : octobre 2020 - N° d'impression : 96912
Imprimé en France